中华人民共和国
新法规汇编

2021

第7辑

司 法 部 编

中国法制出版社

编辑说明

一、《中华人民共和国新法规汇编》是国家出版的法律、行政法规汇编正式版本，是刊登报国务院备案并予以登记的部门规章的指定出版物。

二、本汇编收集的内容包括：上一个月内由全国人民代表大会及其常务委员会通过的法律和有关法律问题的决定，国务院公布的行政法规和国务院文件，报国务院备案并予以登记的部门规章，最高人民法院和最高人民检察院公布的司法解释。另外，还收入了上一个月内报国务院备案并予以登记的地方性法规和地方政府规章目录。

三、本汇编所收的内容，按下列分类顺序编排：法律，有关法律问题的决定，行政法规，国务院文件，国务院部门规章，司法解释。每类中按公布的时间顺序排列。报国务院备案并予以登记的地方性法规和地方政府规章目录按1987年国务院批准的行政区划顺序排列；同一行政区域报备两件以上者，按公布时间顺序排列。

四、本汇编每年出版12辑，每月出版1辑。本辑为2021年度第7辑，收入2021年6月份内公布的法律7件、有关法律问题的决定1件、行政法规1件、国务院文件2件、报国务院备案并经审查予以登记编号的部门规章8件、司法解释3件，补收2021年5月份内公布的国务院文件1件，共计23件。

五、本汇编在编辑出版过程中，得到了国务院有关部门和有关方面以及广大读者的大力支持和协助，在此谨致谢意。

司法部

2021年7月

目　录

法　律

有关法律问题的决定

行政法规

国务院文件

国务院部门规章

司法解释

附：

法 律

中华人民共和国数据安全法

（2021年6月10日第十三届全国人民代表大会常务委员会第二十九次会议通过　2021年6月10日中华人民共和国主席令第84号公布　自2021年9月1日起施行）

目　录

第一章　总　　则

第一条　为了规范数据处理活动，保障数据安全，促进数据开发利用，保护个人、组织的合法权益，维护国家主权、安全和发展利益，制定本法。

第二条　在中华人民共和国境内开展数据处理活动及其安全监管，适用本法。

在中华人民共和国境外开展数据处理活动，损害中华人民共和国国家安全、公共利益或者公民、组织合法权益的，依法追究法律责任。

第三条 本法所称数据，是指任何以电子或者其他方式对信息的记录。

数据处理，包括数据的收集、存储、使用、加工、传输、提供、公开等。

数据安全，是指通过采取必要措施，确保数据处于有效保护和合法利用的状态，以及具备保障持续安全状态的能力。

第四条 维护数据安全，应当坚持总体国家安全观，建立健全数据安全治理体系，提高数据安全保障能力。

第五条 中央国家安全领导机构负责国家数据安全工作的决策和议事协调，研究制定、指导实施国家数据安全战略和有关重大方针政策，统筹协调国家数据安全的重大事项和重要工作，建立国家数据安全工作协调机制。

第六条 各地区、各部门对本地区、本部门工作中收集和产生的数据及数据安全负责。

工业、电信、交通、金融、自然资源、卫生健康、教育、科技等主管部门承担本行业、本领域数据安全监管职责。

公安机关、国家安全机关等依照本法和有关法律、行政法规的规定，在各自职责范围内承担数据安全监管职责。

国家网信部门依照本法和有关法律、行政法规的规定，负责统筹协调网络数据安全和相关监管工作。

第七条 国家保护个人、组织与数据有关的权益，鼓励数据依法合理有效利用，保障数据依法有序自由流动，促进以数据为关键要素的数字经济发展。

第八条 开展数据处理活动，应当遵守法律、法规，尊重社会公德和伦理，遵守商业道德和职业道德，诚实守信，履行数据安全保护义务，承担社会责任，不得危害国家安全、公共利益，不得损害个人、组织的合法权益。

第九条 国家支持开展数据安全知识宣传普及，提高全社会的数据安全保护意识和水平，推动有关部门、行业组织、科研机构、企业、个人等共同参与数据安全保护工作，形成全社会共同维护数据安全和促进发展的良好环境。

第十条 相关行业组织按照章程，依法制定数据安全行为规范和团体标准，加强行业自律，指导会员加强数据安全保护，提高数据安全保护水平，促进行业健康发展。

第十一条 国家积极开展数据安全治理、数据开发利用等领域的国际交流与合作，参与数据安全相关国际规则和标准的制定，促进数据跨境安全、自由流动。

第十二条 任何个人、组织都有权对违反本法规定的行为向有关主管部门投诉、举报。收到投诉、举报的部门应当及时依法处理。

有关主管部门应当对投诉、举报人的相关信息予以保密，保护投诉、举报人的合法权益。

第二章 数据安全与发展

第十三条 国家统筹发展和安全，坚持以数据开发利用和产业发展促进数据安全，以数据安全保障数据开发利用和产业发展。

第十四条 国家实施大数据战略，推进数据基础设施建设，鼓励和支持数据在各行业、各领域的创新应用。

省级以上人民政府应当将数字经济发展纳入本级国民经济和社会发展规划，并根据需要制定数字经济发展规划。

第十五条 国家支持开发利用数据提升公共服务的智能化水平。提供智能化公共服务，应当充分考虑老年人、残疾人的需求，避免对老年人、残疾人的日常生活造成障碍。

第十六条 国家支持数据开发利用和数据安全技术研究，鼓励数据开发利用和数据安全等领域的技术推广和商业创新，培育、发展数据开发利用和数据安全产品、产业体系。

第十七条 国家推进数据开发利用技术和数据安全标准体系建设。国务院标准化行政主管部门和国务院有关部门根据各自的职责，组织制定并适时修订有关数据开发利用技术、产品和数据安全相关标准。国家支持企业、社会团体和教育、科研机构等参与标准制定。

第十八条 国家促进数据安全检测评估、认证等服务的发展，支持数据安全检测评估、认证等专业机构依法开展服务活动。

国家支持有关部门、行业组织、企业、教育和科研机构、有关专业机构等在数据安全风险评估、防范、处置等方面开展协作。

第十九条 国家建立健全数据交易管理制度，规范数据交易行为，培育数据交易市场。

第二十条 国家支持教育、科研机构和企业等开展数据开发利用技术和数据安全相关教育和培训，采取多种方式培养数据开发利用技术和数据安全专业人才，促进人才交流。

第三章 数据安全制度

第二十一条 国家建立数据分类分级保护制度，根据数据在经济社会发展中的重要程度，以及一旦遭到篡改、破坏、泄露或者非法获取、非法利用，对国家安全、公共利益或者个人、组织合法权益造成的危害程度，对数据实行分类分级保护。国家数据安全工作协调机制统筹协调有关部门制定重要数据目录，加强对重要数据的保护。

关系国家安全、国民经济命脉、重要民生、重大公共利益等数据属于国家核心数据，实行更加严格的管理制度。

各地区、各部门应当按照数据分类分级保护制度，确定本地区、本部门以及相关行业、领域的重要数据具体目录，对列入目录的数据进行重点保护。

第二十二条 国家建立集中统一、高效权威的数据安全风险评估、报告、信息共享、监测预警机制。国家数据安全工作协调机制统筹协调有关部门加强数据安全风险信息的获取、分析、研判、预警工作。

第二十三条 国家建立数据安全应急处置机制。发生数据安全事件，有关主管部门应当依法启动应急预案，采取相应的应急处置措施，防止危害扩大，消除安全隐患，并及时向社会发布与公众有关的警示信息。

第二十四条 国家建立数据安全审查制度，对影响或者可能影响国家安全的数据处理活动进行国家安全审查。

依法作出的安全审查决定为最终决定。

第二十五条 国家对与维护国家安全和利益、履行国际义务相关的属于管制物项的数据依法实施出口管制。

第二十六条 任何国家或者地区在与数据和数据开发利用技术等有关的投资、贸易等方面对中华人民共和国采取歧视性的禁止、限制或者其他类似措施的，中华人民共和国可以根据实际情况对该国家或者地区对等采取措施。

第四章 数据安全保护义务

第二十七条 开展数据处理活动应当依照法律、法规的规定，建立健全全流程数据安全管理制度，组织开展数据安全教育培训，采取相应的技术措施和其他必要措施，保障数据安全。利用互联网等信息网络开展数据处理活动，应当在网络安全等级保护制度的基础上，履行上述数据安全保护义务。

重要数据的处理者应当明确数据安全负责人和管理机构，落实数据安全保护责任。

第二十八条 开展数据处理活动以及研究开发数据新技术，

应当有利于促进经济社会发展，增进人民福祉，符合社会公德和伦理。

第二十九条 开展数据处理活动应当加强风险监测，发现数据安全缺陷、漏洞等风险时，应当立即采取补救措施；发生数据安全事件时，应当立即采取处置措施，按照规定及时告知用户并向有关主管部门报告。

第三十条 重要数据的处理者应当按照规定对其数据处理活动定期开展风险评估，并向有关主管部门报送风险评估报告。

风险评估报告应当包括处理的重要数据的种类、数量，开展数据处理活动的情况，面临的数据安全风险及其应对措施等。

第三十一条 关键信息基础设施的运营者在中华人民共和国境内运营中收集和产生的重要数据的出境安全管理，适用《中华人民共和国网络安全法》的规定；其他数据处理者在中华人民共和国境内运营中收集和产生的重要数据的出境安全管理办法，由国家网信部门会同国务院有关部门制定。

第三十二条 任何组织、个人收集数据，应当采取合法、正当的方式，不得窃取或者以其他非法方式获取数据。

法律、行政法规对收集、使用数据的目的、范围有规定的，应当在法律、行政法规规定的目的和范围内收集、使用数据。

第三十三条 从事数据交易中介服务的机构提供服务，应当要求数据提供方说明数据来源，审核交易双方的身份，并留存审核、交易记录。

第三十四条 法律、行政法规规定提供数据处理相关服务应当取得行政许可的，服务提供者应当依法取得许可。

第三十五条 公安机关、国家安全机关因依法维护国家安全或者侦查犯罪的需要调取数据，应当按照国家有关规定，经过严格的批准手续，依法进行，有关组织、个人应当予以配合。

第三十六条 中华人民共和国主管机关根据有关法律和中华人民共和国缔结或者参加的国际条约、协定，或者按照平等互惠原则，处理外国司法或者执法机构关于提供数据的请求。非经中华人民共和国主管机关批准，境内的组织、个人不得向外国司法或者执法机构提供存储于中华人民共和国境内的数据。

第五章　政务数据安全与开放

第三十七条　国家大力推进电子政务建设，提高政务数据的科学性、准确性、时效性，提升运用数据服务经济社会发展的能力。

第三十八条　国家机关为履行法定职责的需要收集、使用数据，应当在其履行法定职责的范围内依照法律、行政法规规定的条件和程序进行；对在履行职责中知悉的个人隐私、个人信息、商业秘密、保密商务信息等数据应当依法予以保密，不得泄露或者非法向他人提供。

第三十九条　国家机关应当依照法律、行政法规的规定，建立健全数据安全管理制度，落实数据安全保护责任，保障政务数据安全。

第四十条　国家机关委托他人建设、维护电子政务系统，存储、加工政务数据，应当经过严格的批准程序，并应当监督受托方履行相应的数据安全保护义务。受托方应当依照法律、法规的规定和合同约定履行数据安全保护义务，不得擅自留存、使用、泄露或者向他人提供政务数据。

第四十一条　国家机关应当遵循公正、公平、便民的原则，按照规定及时、准确地公开政务数据。依法不予公开的除外。

第四十二条　国家制定政务数据开放目录，构建统一规范、互联互通、安全可控的政务数据开放平台，推动政务数据开放利用。

第四十三条　法律、法规授权的具有管理公共事务职能的组织为履行法定职责开展数据处理活动，适用本章规定。

第六章 法律责任

第四十四条 有关主管部门在履行数据安全监管职责中，发现数据处理活动存在较大安全风险的，可以按照规定的权限和程序对有关组织、个人进行约谈，并要求有关组织、个人采取措施进行整改，消除隐患。

第四十五条 开展数据处理活动的组织、个人不履行本法第二十七条、第二十九条、第三十条规定的数据安全保护义务的，由有关主管部门责令改正，给予警告，可以并处五万元以上五十万元以下罚款，对直接负责的主管人员和其他直接责任人员可以处一万元以上十万元以下罚款；拒不改正或者造成大量数据泄露等严重后果的，处五十万元以上二百万元以下罚款，并可以责令暂停相关业务、停业整顿、吊销相关业务许可证或者吊销营业执照，对直接负责的主管人员和其他直接责任人员处五万元以上二十万元以下罚款。

违反国家核心数据管理制度，危害国家主权、安全和发展利益的，由有关主管部门处二百万元以上一千万元以下罚款，并根据情况责令暂停相关业务、停业整顿、吊销相关业务许可证或者吊销营业执照；构成犯罪的，依法追究刑事责任。

第四十六条 违反本法第三十一条规定，向境外提供重要数据的，由有关主管部门责令改正，给予警告，可以并处十万元以上一百万元以下罚款，对直接负责的主管人员和其他直接责任人员可以处一万元以上十万元以下罚款；情节严重的，处一百万元以上一千万元以下罚款，并可以责令暂停相关业务、停业整顿、吊销相关业务许可证或者吊销营业执照，对直接负责的主管人员和其他直接责任人员处十万元以上一百万元以下罚款。

第四十七条 从事数据交易中介服务的机构未履行本法第三十三条规定的义务的，由有关主管部门责令改正，没收违法所得，处违法所得一倍以上十倍以下罚款，没有违法所得或者违法所得不足十万元的，处十万元以上一百万元以下罚款，并可以责令暂停相关业务、停业整顿、吊销相关业务许可证或者吊销营业执照；对直接负责的主管人员和其他直接责任人员处一万元以上十万元以下罚款。

第四十八条 违反本法第三十五条规定，拒不配合数据调取的，由有关主管部门责令改正，给予警告，并处五万元以上五十万元以下罚款，对直接负责的主管人员和其他直接责任人员处一万元以上十万元以下罚款。

违反本法第三十六条规定，未经主管机关批准向外国司法或者执法机构提供数据的，由有关主管部门给予警告，可以并处十万元以上一百万元以下罚款，对直接负责的主管人员和其他直接责任人员可以处一万元以上十万元以下罚款；造成严重后果的，处一百万元以上五百万元以下罚款，并可以责令暂停相关业务、停业整顿、吊销相关业务许可证或者吊销营业执照，对直接负责的主管人员和其他直接责任人员处五万元以上五十万元以下罚款。

第四十九条 国家机关不履行本法规定的数据安全保护义务的，对直接负责的主管人员和其他直接责任人员依法给予处分。

第五十条 履行数据安全监管职责的国家工作人员玩忽职守、滥用职权、徇私舞弊的，依法给予处分。

第五十一条 窃取或者以其他非法方式获取数据，开展数据处理活动排除、限制竞争，或者损害个人、组织合法权益的，依照有关法律、行政法规的规定处罚。

第五十二条 违反本法规定，给他人造成损害的，依法承担民事责任。

违反本法规定，构成违反治安管理行为的，依法给予治安管理处罚；构成犯罪的，依法追究刑事责任。

第七章　附　　则

第五十三条　开展涉及国家秘密的数据处理活动，适用《中华人民共和国保守国家秘密法》等法律、行政法规的规定。

在统计、档案工作中开展数据处理活动，开展涉及个人信息的数据处理活动，还应当遵守有关法律、行政法规的规定。

第五十四条　军事数据安全保护的办法，由中央军事委员会依据本法另行制定。

第五十五条　本法自2021年9月1日起施行。

中华人民共和国海南自由贸易港法

（2021年6月10日第十三届全国人民代表大会常务委员会第二十九次会议通过　2021年6月10日中华人民共和国主席令第85号公布　自公布之日起施行）

目　　录

第一章　总　　则

第一条　为了建设高水平的中国特色海南自由贸易港，推动形成更高层次改革开放新格局，建立开放型经济新体制，促进社会主义市场经济平稳健康可持续发展，制定本法。

第二条　国家在海南岛全岛设立海南自由贸易港，分步骤、分阶段建立自由贸易港政策和制度体系，实现贸易、投资、跨境资金流动、人员进出、运输来往自由便利和数据安全有序流动。

海南自由贸易港建设和管理活动适用本法。本法没有规定的，适用其他有关法律法规的规定。

第三条　海南自由贸易港建设，应当体现中国特色，借鉴国际经验，围绕海南战略定位，发挥海南优势，推进改革创新，加强风险防范，贯彻创新、协调、绿色、开放、共享的新发展理念，坚持高质量发展，坚持总体国家安全观，坚持以人民为中心，实现经济繁荣、社会文明、生态宜居、人民幸福。

第四条　海南自由贸易港建设，以贸易投资自由化便利化为重点，以各类生产要素跨境自由有序安全便捷流动和现代产业体系为支撑，以特殊的税收制度安排、高效的社会治理体系和完备的法治体系为保障，持续优化法治化、国际化、便利化的营商环境和公平统一高效的市场环境。

第五条　海南自由贸易港实行最严格的生态环境保护制度，坚持生态优先、绿色发展，创新生态文明体制机制，建设国家生态文明试验区。

第六条　国家建立海南自由贸易港建设领导机制，统筹协调海南自由贸易港建设重大政策和重大事项。国务院发展改革、财政、商务、金融管理、海关、税务等部门按照职责分工，指导推动海南自由贸易港建设相关工作。

国家建立与海南自由贸易港建设相适应的行政管理体制，创新监管模式。

海南省应当切实履行责任，加强组织领导，全力推进海南自由贸易港建设各项工作。

第七条　国家支持海南自由贸易港建设发展，支持海南省依照中央要求和法律规定行使改革自主权。国务院及其有关部门根据海南自由贸易港建设的实际需要，及时依法授权或者委托海南省人民政府及其有关部门行使相关管理职权。

第八条　海南自由贸易港构建系统完备、科学规范、运行有效的海南自由贸易港治理体系，推动政府机构改革和职能转变，规范政府服务标准，加强预防和化解社会矛盾机制建设，提高社会治理智能化水平，完善共建共治共享的社会治理制度。

国家推进海南自由贸易港行政区划改革创新，优化行政区划设置和行政区划结构体系。

第九条　国家支持海南自由贸易港主动适应国际经济贸易规则发展和全球经济治理体系改革新趋势，积极开展国际交流合作。

第十条　海南省人民代表大会及其常务委员会可以根据本法，结合海南自由贸易港建设的具体情况和实际需要，遵循宪法规定和法律、行政法规的基本原则，就贸易、投资及相关管理活动制定法规（以下称海南自由贸易港法规），在海南自由贸易港范围内实施。

海南自由贸易港法规应当报送全国人民代表大会常务委员会和国务院备案；对法律或者行政法规的规定作变通规定的，应当说明变通的情况和理由。

海南自由贸易港法规涉及依法应当由全国人民代表大会及其常务委员会制定法律或者由国务院制定行政法规事项的，应当分别报全国人民代表大会常务委员会或者国务院批准后生效。

第二章　贸易自由便利

第十一条　国家建立健全全岛封关运作的海南自由贸易港海

关监管特殊区域制度。在依法有效监管基础上,建立自由进出、安全便利的货物贸易管理制度,优化服务贸易管理措施,实现贸易自由化便利化。

第十二条 海南自由贸易港应当高标准建设口岸基础设施,加强口岸公共卫生安全、国门生物安全、食品安全、商品质量安全管控。

第十三条 在境外与海南自由贸易港之间,货物、物品可以自由进出,海关依法进行监管,列入海南自由贸易港禁止、限制进出口货物、物品清单的除外。

前款规定的清单,由国务院商务主管部门会同国务院有关部门和海南省制定。

第十四条 货物由海南自由贸易港进入境内其他地区(以下简称内地),原则上按进口规定办理相关手续。物品由海南自由贸易港进入内地,按规定进行监管。对海南自由贸易港前往内地的运输工具,简化进口管理。

货物、物品以及运输工具由内地进入海南自由贸易港,按国内流通规定管理。

货物、物品以及运输工具在海南自由贸易港和内地之间进出的具体办法由国务院有关部门会同海南省制定。

第十五条 各类市场主体在海南自由贸易港内依法自由开展货物贸易以及相关活动,海关实施低干预、高效能的监管。

在符合环境保护、安全生产等要求的前提下,海南自由贸易港对进出口货物不设存储期限,货物存放地点可以自由选择。

第十六条 海南自由贸易港实行通关便利化政策,简化货物流转流程和手续。除依法需要检验检疫或者实行许可证件管理的货物外,货物进入海南自由贸易港,海关按照有关规定径予放行,为市场主体提供通关便利服务。

第十七条 海南自由贸易港对跨境服务贸易实行负面清单管理制度,并实施相配套的资金支付和转移制度。对清单之外的跨境服务贸易，按照内外一致的原则管理。

海南自由贸易港跨境服务贸易负面清单由国务院商务主管部门会同国务院有关部门和海南省制定。

第三章　投资自由便利

第十八条　海南自由贸易港实行投资自由化便利化政策，全面推行极简审批投资制度，完善投资促进和投资保护制度，强化产权保护，保障公平竞争，营造公开、透明、可预期的投资环境。

海南自由贸易港全面放开投资准入，涉及国家安全、社会稳定、生态保护红线、重大公共利益等国家实行准入管理的领域除外。

第十九条　海南自由贸易港对外商投资实行准入前国民待遇加负面清单管理制度。特别适用于海南自由贸易港的外商投资准入负面清单由国务院有关部门会同海南省制定，报国务院批准后发布。

第二十条　国家放宽海南自由贸易港市场准入。海南自由贸易港放宽市场准入特别清单（特别措施）由国务院有关部门会同海南省制定。

海南自由贸易港实行以过程监管为重点的投资便利措施，逐步实施市场准入承诺即入制。具体办法由海南省会同国务院有关部门制定。

第二十一条　海南自由贸易港按照便利、高效、透明的原则，简化办事程序，提高办事效率，优化政务服务，建立市场主体设立便利、经营便利、注销便利等制度，优化破产程序。具体办法由海南省人民代表大会及其常务委员会制定。

第二十二条　国家依法保护自然人、法人和非法人组织在海南自由贸易港内的投资、收益和其他合法权益，加强对中小投资者的保护。

第二十三条 国家依法保护海南自由贸易港内自然人、法人和非法人组织的知识产权,促进知识产权创造、运用和管理服务能力提升,建立健全知识产权领域信用分类监管、失信惩戒等机制,对知识产权侵权行为,严格依法追究法律责任。

第二十四条 海南自由贸易港建立统一开放、竞争有序的市场体系,强化竞争政策的基础性地位,落实公平竞争审查制度,加强和改进反垄断和反不正当竞争执法,保护市场公平竞争。

海南自由贸易港的各类市场主体,在准入许可、经营运营、要素获取、标准制定、优惠政策等方面依法享受平等待遇。具体办法由海南省人民代表大会及其常务委员会制定。

第四章 财政税收制度

第二十五条 在海南自由贸易港开发建设阶段,中央财政根据实际,结合税制变化情况,对海南自由贸易港给予适当财政支持。鼓励海南省在国务院批准的限额内发行地方政府债券支持海南自由贸易港项目建设。海南省设立政府引导、市场化方式运作的海南自由贸易港建设投资基金。

第二十六条 海南自由贸易港可以根据发展需要,自主减征、免征、缓征除具有生态补偿性质外的政府性基金。

第二十七条 按照税种结构简单科学、税制要素充分优化、税负水平明显降低、收入归属清晰、财政收支基本均衡的原则,结合国家税制改革方向,建立符合需要的海南自由贸易港税制体系。

全岛封关运作时,将增值税、消费税、车辆购置税、城市维护建设税及教育费附加等税费进行简并,在货物和服务零售环节征收销售税;全岛封关运作后,进一步简化税制。

国务院财政部门会同国务院有关部门和海南省及时提出简化税制的具体方案。

第二十八条 全岛封关运作、简并税制后,海南自由贸易港对进口征税商品实行目录管理，目录之外的货物进入海南自由贸易港，免征进口关税。进口征税商品目录由国务院财政部门会同国务院有关部门和海南省制定。

全岛封关运作、简并税制前，对部分进口商品，免征进口关税、进口环节增值税和消费税。

对由海南自由贸易港离境的出口应税商品，征收出口关税。

第二十九条 货物由海南自由贸易港进入内地，原则上按照进口征税；但是，对鼓励类产业企业生产的不含进口料件或者含进口料件在海南自由贸易港加工增值达到一定比例的货物，免征关税。具体办法由国务院有关部门会同海南省制定。

货物由内地进入海南自由贸易港，按照国务院有关规定退还已征收的增值税、消费税。

全岛封关运作、简并税制前，对离岛旅客购买免税物品并提货离岛的，按照有关规定免征进口关税、进口环节增值税和消费税。全岛封关运作、简并税制后，物品在海南自由贸易港和内地之间进出的税收管理办法，由国务院有关部门会同海南省制定。

第三十条 对注册在海南自由贸易港符合条件的企业，实行企业所得税优惠；对海南自由贸易港内符合条件的个人，实行个人所得税优惠。

第三十一条 海南自由贸易港建立优化高效统一的税收征管服务体系，提高税收征管服务科学化、信息化、国际化、便民化水平，积极参与国际税收征管合作，提高税收征管服务质量和效率，保护纳税人的合法权益。

第五章 生态环境保护

第三十二条 海南自由贸易港健全生态环境评价和监测制度，制定生态环境准入清单，防止污染，保护生态环境；健全自然资源资产产权制度和有偿使用制度，促进资源节约高效利用。

第三十三条 海南自由贸易港推进国土空间规划体系建设，实行差别化的自然生态空间用途管制，严守生态保护红线，构建以国家公园为主体的自然保护地体系，推进绿色城镇化、美丽乡村建设。

海南自由贸易港严格保护海洋生态环境，建立健全陆海统筹的生态系统保护修复和污染防治区域联动机制。

第三十四条 海南自由贸易港实行严格的进出境环境安全准入管理制度，加强检验检疫能力建设，防范外来物种入侵，禁止境外固体废物输入；提高医疗废物等危险废物处理处置能力，提升突发生态环境事件应急准备与响应能力，加强生态风险防控。

第三十五条 海南自由贸易港推进建立政府主导、企业和社会参与、市场化运作、可持续的生态保护补偿机制，建立生态产品价值实现机制，鼓励利用市场机制推进生态环境保护，实现可持续发展。

第三十六条 海南自由贸易港实行环境保护目标责任制和考核评价制度。县级以上地方人民政府对本级人民政府负有环境监督管理职责的部门及其负责人和下级人民政府及其负责人的年度考核，实行环境保护目标完成情况一票否决制。

环境保护目标未完成的地区，一年内暂停审批该地区新增重点污染物排放总量的建设项目环境影响评价文件；对负有责任的地方人民政府及负有环境监督管理职责的部门的主要责任人，一年内不得提拔使用或者转任重要职务，并依法予以处分。

第三十七条 海南自由贸易港实行生态环境损害责任终身追究制。对违背科学发展要求、造成生态环境严重破坏的地方人民政府及有关部门主要负责人、直接负责的主管人员和其他直接责任人员，应当严格追究责任。

第六章 产业发展与人才支撑

第三十八条 国家支持海南自由贸易港建设开放型生态型服

务型产业体系，积极发展旅游业、现代服务业、高新技术产业以及热带特色高效农业等重点产业。

第三十九条 海南自由贸易港推进国际旅游消费中心建设，推动旅游与文化体育、健康医疗、养老养生等深度融合，培育旅游新业态新模式。

第四十条 海南自由贸易港深化现代服务业对内对外开放，打造国际航运枢纽，推动港口、产业、城市融合发展，完善海洋服务基础设施，构建具有国际竞争力的海洋服务体系。

境外高水平大学、职业院校可以在海南自由贸易港设立理工农医类学校。

第四十一条 国家支持海南自由贸易港建设重大科研基础设施和条件平台，建立符合科研规律的科技创新管理制度和国际科技合作机制。

第四十二条 海南自由贸易港依法建立安全有序自由便利的数据流动管理制度，依法保护个人、组织与数据有关的权益，有序扩大通信资源和业务开放，扩大数据领域开放，促进以数据为关键要素的数字经济发展。

国家支持海南自由贸易港探索实施区域性国际数据跨境流动制度安排。

第四十三条 海南自由贸易港实施高度自由便利开放的运输政策，建立更加开放的航运制度和船舶管理制度，建设“中国洋浦港”船籍港，实行特殊的船舶登记制度；放宽空域管制和航路限制，优化航权资源配置，提升运输便利化和服务保障水平。

第四十四条 海南自由贸易港深化人才发展体制机制改革，创新人才培养支持机制，建立科学合理的人才引进、认定、使用和待遇保障机制。

第四十五条 海南自由贸易港建立高效便利的出境入境管理制度，逐步实施更大范围适用免签入境政策，延长免签停留时间，优化出境入境检查管理，提供出境入境通关便利。

第四十六条　海南自由贸易港实行更加开放的人才和停居留政策,实行更加宽松的人员临时出境入境政策、便利的工作签证政策,对外国人工作许可实行负面清单管理,进一步完善居留制度。

第四十七条　海南自由贸易港放宽境外人员参加职业资格考试的限制,对符合条件的境外专业资格认定,实行单向认可清单制度。

第七章　综合措施

第四十八条　国务院可以根据海南自由贸易港建设的需要,授权海南省人民政府审批由国务院审批的农用地转为建设用地和土地征收事项;授权海南省人民政府在不突破海南省国土空间规划明确的生态保护红线、永久基本农田面积、耕地和林地保有量、建设用地总规模等重要指标并确保质量不降低的前提下,按照国家规定的条件,对全省耕地、永久基本农田、林地、建设用地布局调整进行审批。

海南自由贸易港积极推进城乡及垦区一体化协调发展和小城镇建设用地新模式,推进农垦土地资产化。

依法保障海南自由贸易港国家重大项目用海需求。

第四十九条　海南自由贸易港建设应当切实保护耕地,加强土地管理,建立集约节约用地制度、评价标准以及存量建设用地盘活处置制度。充分利用闲置土地,以出让方式取得土地使用权进行开发的土地,超过出让合同约定的竣工日期一年未竣工的,应当在竣工前每年征收出让土地现值一定比例的土地闲置费。具体办法由海南省制定。

第五十条　海南自由贸易港坚持金融服务实体经济,推进金融改革创新,率先落实金融业开放政策。

第五十一条　海南自由贸易港建立适应高水平贸易投资自由化便利化需要的跨境资金流动管理制度,分阶段开放资本项目,逐步推进非金融企业外债项下完全可兑换,推动跨境贸易结算便利化,有序推进海南自由贸易港与境外资金自由便利流动。

第五十二条 海南自由贸易港内经批准的金融机构可以通过指定账户或者在特定区域经营离岸金融业务。

第五十三条 海南自由贸易港加强社会信用体系建设和应用,构建守信激励和失信惩戒机制。

第五十四条 国家支持探索与海南自由贸易港相适应的司法体制改革。海南自由贸易港建立多元化商事纠纷解决机制,完善国际商事纠纷案件集中审判机制,支持通过仲裁、调解等多种非诉讼方式解决纠纷。

第五十五条 海南自由贸易港建立风险预警和防控体系,防范和化解重大风险。

海关负责口岸和其他海关监管区的常规监管,依法查缉走私和实施后续监管。海警机构负责查处海上走私违法行为。海南省人民政府负责全省反走私综合治理工作,加强对非设关地的管控,建立与其他地区的反走私联防联控机制。境外与海南自由贸易港之间、海南自由贸易港与内地之间,人员、货物、物品、运输工具等均需从口岸进出。

在海南自由贸易港依法实施外商投资安全审查制度,对影响或者可能影响国家安全的外商投资进行安全审查。

海南自由贸易港建立健全金融风险防控制度,实施网络安全等级保护制度,建立人员流动风险防控制度,建立传染病和突发公共卫生事件监测预警机制与防控救治机制,保障金融、网络与数据、人员流动和公共卫生等领域的秩序和安全。

第八章 附 则

第五十六条 对本法规定的事项,在本法施行后,海南自由贸易港全岛封关运作前,国务院及其有关部门和海南省可以根据本法规定的原则，按照职责分工，制定过渡性的具体办法，推动海南自由贸易港建设。

第五十七条 本法自公布之日起施行。

中华人民共和国军人地位和权益保障法

（2021年6月10日第十三届全国人民代表大会常务委员会第二十九次会议通过 2021年6月10日中华人民共和国主席令第86号公布 自2021年8月1日起施行）

目　录

第一章　总　　则

第一条 为了保障军人地位和合法权益，激励军人履行职责使命，让军人成为全社会尊崇的职业，促进国防和军队现代化建设，根据宪法，制定本法。

第二条 本法所称军人，是指在中国人民解放军服现役的军官、军士、义务兵等人员。

第三条 军人肩负捍卫国家主权、安全、发展利益和保卫人民的和平劳动的神圣职责和崇高使命。

第四条 军人是全社会尊崇的职业。国家和社会尊重、优待军人，保障军人享有与其职业特点、担负职责使命和所做贡献相称的地位和权益，经常开展各种形式的拥军优属活动。

一切国家机关和武装力量、各政党和群团组织、企业事业单位、社会组织和其他组织都有依法保障军人地位和权益的责任，全体公民都应当依法维护军人合法权益。

第五条 军人地位和权益保障工作，坚持中国共产党的领导，以服务军队战斗力建设为根本目的，遵循权利与义务相统一、物质保障与精神激励相结合、保障水平与国民经济和社会发展相适应的原则。

第六条 中央军事委员会政治工作部门、国务院退役军人工作主管部门以及中央和国家有关机关、中央军事委员会有关部门按照职责分工做好军人地位和权益保障工作。

县级以上地方各级人民政府负责本行政区域内有关军人地位和权益保障工作。军队团级以上单位政治工作部门负责本单位的军人地位和权益保障工作。

省军区（卫戍区、警备区）、军分区（警备区）和县、自治县、市、市辖区的人民武装部，负责所在行政区域人民政府与军队单位之间军人地位和权益保障方面的联系协调工作，并根据需要建立工作协调机制。

乡镇人民政府、街道办事处、基层群众性自治组织应当按照职责做好军人地位和权益保障工作。

第七条 军人地位和权益保障所需经费，由中央和地方按照事权和支出责任相适应的原则列入预算。

第八条 中央和国家有关机关、县级以上地方人民政府及其有关部门、军队各级机关，应当将军人地位和权益保障工作情况作为拥军优属、拥政爱民等工作评比和有关单位负责人以及工作人员考核评价的重要内容。

第九条 国家鼓励和引导群团组织、企业事业单位、社会组织、个人等社会力量依法通过捐赠、志愿服务等方式为军人权益保障提供支持,符合规定条件的,依法享受税收优惠等政策。

第十条 每年8月1日为中国人民解放军建军节。各级人民政府和军队单位应当在建军节组织开展庆祝、纪念等活动。

第十一条 对在军人地位和权益保障工作中做出突出贡献的单位和个人,按照国家有关规定给予表彰、奖励。

第二章 军人地位

第十二条 军人是中国共产党领导的国家武装力量基本成员,必须忠于祖国,忠于中国共产党,听党指挥,坚决服从命令,认真履行巩固中国共产党的领导和社会主义制度的重要职责使命。

第十三条 军人是人民子弟兵,应当热爱人民,全心全意为人民服务,保卫人民生命财产安全,当遇到人民群众生命财产受到严重威胁时,挺身而出、积极救助。

第十四条 军人是捍卫国家主权、统一、领土完整的坚强力量,应当具备巩固国防、抵抗侵略、保卫祖国所需的战斗精神和能力素质,按照实战要求始终保持戒备状态,苦练杀敌本领,不怕牺牲,能打胜仗,坚决完成任务。

第十五条 军人是中国特色社会主义现代化建设的重要力量,应当积极投身全面建设社会主义现代化国家的事业,依法参加突发事件的应急救援和处置工作。

第十六条 军人享有宪法和法律规定的政治权利,依法参加国家权力机关组成人员选举,依法参加管理国家事务、管理经济和文化事业、管理社会事务。

第十七条 军队实行官兵一致,军人之间在政治和人格上一律平等,应当互相尊重、平等对待。

军队建立健全军人代表会议、军人委员会等民主制度,保障军人知情权、参与权、建议权和监督权。

第十八条 军人必须模范遵守宪法和法律，认真履行宪法和法律规定的公民义务，严格遵守军事法规、军队纪律，作风优良，带头践行社会主义核心价值观。

第十九条 国家为军人履行职责提供保障，军人依法履行职责的行为受法律保护。

军人因执行任务给公民、法人或者其他组织的合法权益造成损害的，按照有关规定由国家予以赔偿或者补偿。

公民、法人和其他组织应当为军人依法履行职责提供必要的支持和协助。

第二十条 军人因履行职责享有的特定权益、承担的特定义务，由本法和有关法律法规规定。

第三章 荣誉维护

第二十一条 军人荣誉是国家、社会对军人献身国防和军队建设、社会主义现代化建设的褒扬和激励，是鼓舞军人士气、提升军队战斗力的精神力量。

国家维护军人荣誉，激励军人崇尚和珍惜荣誉。

第二十二条 军队加强爱国主义、集体主义、革命英雄主义教育，强化军人的荣誉意识，培育有灵魂、有本事、有血性、有品德的新时代革命军人，锻造具有铁一般信仰、铁一般信念、铁一般纪律、铁一般担当的过硬部队。

第二十三条 国家采取多种形式的宣传教育、奖励激励和保障措施，培育军人的职业使命感、自豪感和荣誉感，激发军人建功立业、报效国家的积极性、主动性、创造性。

第二十四条 全社会应当学习中国人民解放军光荣历史，宣传军人功绩和牺牲奉献精神，营造维护军人荣誉的良好氛围。

各级各类学校设置的国防教育课程中，应当包括中国人民解放军光荣历史、军人英雄模范事迹等内容。

第二十五条 国家建立健全军人荣誉体系，通过授予勋章、荣誉称号和记功、嘉奖、表彰、颁发纪念章等方式，对做出突出成绩和贡献的军人给予功勋荣誉表彰，褒扬军人为国家和人民做出的奉献和牺牲。

第二十六条 军人经军队单位批准可以接受地方人民政府、群团组织和社会组织等授予的荣誉，以及国际组织和其他国家、军队等授予的荣誉。

第二十七条 获得功勋荣誉表彰的军人享受相应礼遇和待遇。军人执行作战任务获得功勋荣誉表彰的，按照高于平时的原则享受礼遇和待遇。

获得功勋荣誉表彰和执行作战任务的军人的姓名和功绩，按照规定载入功勋簿、荣誉册、地方志等史志。

第二十八条 中央和国家有关机关、地方和军队各级有关机关，以及广播、电视、报刊、互联网等媒体，应当积极宣传军人的先进典型和英勇事迹。

第二十九条 国家和社会尊崇、铭记为国家、人民、民族牺牲的军人，尊敬、礼遇其遗属。

国家建立英雄烈士纪念设施供公众瞻仰，悼念缅怀英雄烈士，开展纪念和教育活动。

国家推进军人公墓建设。军人去世后，符合规定条件的可以安葬在军人公墓。

第三十条 国家建立军人礼遇仪式制度。在公民入伍、军人退出现役等时机，应当举行相应仪式；在烈士和因公牺牲军人安葬等场合，应当举行悼念仪式。

各级人民政府应当在重大节日和纪念日组织开展走访慰问军队单位、军人家庭和烈士、因公牺牲军人、病故军人的遗属等活动，在举行重要庆典、纪念活动时邀请军人、军人家属和烈士、因公牺牲军人、病故军人的遗属代表参加。

第三十一条 地方人民政府应当为军人和烈士、因公牺牲军人、病故军人的遗属的家庭悬挂光荣牌。军人获得功勋荣誉表彰，由当地人民政府有关部门和军事机关给其家庭送喜报,并组织做好宣传工作。

第三十二条 军人的荣誉和名誉受法律保护。

军人获得的荣誉由其终身享有,非因法定事由、非经法定程序不得撤销。

任何组织和个人不得以任何方式诋毁、贬损军人的荣誉,侮辱、诽谤军人的名誉,不得故意毁损、玷污军人的荣誉标识。

第四章 待遇保障

第三十三条 国家建立军人待遇保障制度,保证军人履行职责使命,保障军人及其家庭的生活水平。

对执行作战任务和重大非战争军事行动任务的军人,以及在艰苦边远地区、特殊岗位工作的军人,待遇保障从优。

第三十四条 国家建立相对独立、特色鲜明、具有比较优势的军人工资待遇制度。军官和军士实行工资制度,义务兵实行供给制生活待遇制度。军人享受个人所得税优惠政策。

国家建立军人工资待遇正常增长机制。

军人工资待遇的结构、标准及其调整办法,由中央军事委员会规定。

第三十五条 国家采取军队保障、政府保障与市场配置相结合,实物保障与货币补贴相结合的方式,保障军人住房待遇。

军人符合规定条件的,享受军队公寓住房或者安置住房保障。

国家建立健全军人住房公积金制度和住房补贴制度。军人符合规定条件购买住房的,国家给予优惠政策支持。

第三十六条 国家保障军人按照规定享受免费医疗和疾病预防、疗养、康复等待遇。

军人在地方医疗机构就医所需费用,符合规定条件的,由军队保障。

第三十七条 国家实行体现军人职业特点、与社会保险制度相衔接的军人保险制度，适时补充军人保险项目，保障军人的保险待遇。

国家鼓励和支持商业保险机构为军人及其家庭成员提供专属保险产品。

第三十八条 军人享有年休假、探亲假等休息休假的权利。对确因工作需要未休假或者未休满假的，给予经济补偿。

军人配偶、子女与军人两地分居的，可以前往军人所在部队探亲。军人配偶前往部队探亲的，其所在单位应当按照规定安排假期并保障相应的薪酬待遇，不得因其享受探亲假期而辞退、解聘或者解除劳动关系。符合规定条件的军人配偶、未成年子女和不能独立生活的成年子女的探亲路费，由军人所在部队保障。

第三十九条 国家建立健全军人教育培训体系，保障军人的受教育权利，组织和支持军人参加专业和文化学习培训，提高军人履行职责的能力和退出现役后的就业创业能力。

第四十条 女军人的合法权益受法律保护。军队应当根据女军人的特点，合理安排女军人的工作任务和休息休假，在生育、健康等方面为女军人提供特别保护。

第四十一条 国家对军人的婚姻给予特别保护，禁止任何破坏军人婚姻的行为。

第四十二条 军官和符合规定条件的军士，其配偶、未成年子女和不能独立生活的成年子女可以办理随军落户；符合规定条件的军人父母可以按照规定办理随子女落户。夫妻双方均为军人的，其子女可以选择父母中的一方随军落户。

军人服现役所在地发生变动的，已随军的家属可以随迁落户，或者选择将户口迁至军人、军人配偶原户籍所在地或者军人父母、军人配偶父母户籍所在地。

地方人民政府有关部门、军队有关单位应当及时高效地为军人家属随军落户办理相关手续。

第四十三条 国家保障军人、军人家属的户籍管理和相关权益。

公民入伍时保留户籍。

符合规定条件的军人,可以享受服现役所在地户籍人口在教育、养老、医疗、住房保障等方面的相关权益。

军人户籍管理和相关权益保障办法,由国务院和中央军事委员会规定。

第四十四条 国家对依法退出现役的军人,依照退役军人保障法律法规的有关规定,给予妥善安置和相应优待保障。

第五章 抚恤优待

第四十五条 国家和社会尊重军人、军人家庭为国防和军队建设做出的奉献和牺牲,优待军人、军人家属,抚恤优待烈士、因公牺牲军人、病故军人的遗属,保障残疾军人的生活。

国家建立抚恤优待保障体系,合理确定抚恤优待标准,逐步提高抚恤优待水平。

第四十六条 军人家属凭有关部门制发的证件享受法律法规规定的优待保障。具体办法由国务院和中央军事委员会有关部门制定。

第四十七条 各级人民政府应当保障抚恤优待对象享受公民普惠待遇,同时享受相应的抚恤优待待遇。

第四十八条 国家实行军人死亡抚恤制度。

军人死亡后被评定为烈士的,国家向烈士遗属颁发烈士证书,保障烈士遗属享受规定的烈士褒扬金、抚恤金和其他待遇。

军人因公牺牲、病故的,国家向其遗属颁发证书,保障其遗属享受规定的抚恤金和其他待遇。

第四十九条 国家实行军人残疾抚恤制度。

军人因战、因公、因病致残的,按照国家有关规定评定残疾等级并颁发证件，享受残疾抚恤金和其他待遇，符合规定条件的以安排工作、供养、退休等方式妥善安置。

第五十条 国家对军人家属和烈士、因公牺牲军人、病故军人的遗属予以住房优待。

军人家属和烈士、因公牺牲军人、病故军人的遗属，符合规定条件申请保障性住房的，或者居住农村且住房困难的，由当地人民政府优先解决。

烈士、因公牺牲军人、病故军人的遗属符合前款规定情形的，当地人民政府给予优惠。

第五十一条 公立医疗机构应当为军人就医提供优待服务。军人家属和烈士、因公牺牲军人、病故军人的遗属，在军队医疗机构和公立医疗机构就医享受医疗优待。

国家鼓励民营医疗机构为军人、军人家属和烈士、因公牺牲军人、病故军人的遗属就医提供优待服务。

国家和社会对残疾军人的医疗依法给予特别保障。

第五十二条 国家依法保障军人配偶就业安置权益。机关、群团组织、企业事业单位、社会组织和其他组织，应当依法履行接收军人配偶就业安置的义务。

军人配偶随军前在机关或者事业单位工作的，由安置地人民政府按照有关规定安排到相应的工作单位；在其他单位工作或者无工作单位的，由安置地人民政府提供就业指导和就业培训，优先协助就业。烈士、因公牺牲军人的遗属和符合规定条件的军人配偶，当地人民政府应当优先安排就业。

第五十三条 国家鼓励有用工需求的用人单位优先安排随军家属就业。国有企业在新招录职工时，应当按照用工需求的适当比例聘用随军家属；有条件的民营企业在新招录职工时，可以按照用工需求的适当比例聘用随军家属。

第五十四条 国家鼓励和扶持军人配偶自主就业、自主创业。军人配偶从事个体经营的，按照国家有关优惠政策给予支持。

第五十五条 国家对军人子女予以教育优待。地方各级人民政府及其有关部门应当为军人子女提供当地优质教育资源，创造接受良好教育的条件。

军人子女入读公办义务教育阶段学校和普惠性幼儿园，可以在本人、父母、祖父母、外祖父母或者其他法定监护人户籍所在地，或者父母居住地、部队驻地入学，享受当地军人子女教育优待政策。

军人子女报考普通高中、中等职业学校，同等条件下优先录取；烈士、因公牺牲军人的子女和符合规定条件的军人子女，按照当地军人子女教育优待政策享受录取等方面的优待。

因公牺牲军人的子女和符合规定条件的军人子女报考高等学校，按照国家有关规定优先录取；烈士子女享受加分等优待。

烈士子女和符合规定条件的军人子女按照规定享受奖学金、助学金和有关费用免除等学生资助政策。

国家鼓励和扶持具备条件的民办学校，为军人子女和烈士、因公牺牲军人的子女提供教育优待。

第五十六条 军人家属和烈士、因公牺牲军人、病故军人的遗属，符合规定条件申请在国家兴办的光荣院、优抚医院集中供养、住院治疗、短期疗养的，享受优先、优惠待遇；申请到公办养老机构养老的，同等条件下优先安排。

第五十七条 军人、军人家属和烈士、因公牺牲军人、病故军人的遗属，享受参观游览公园、博物馆、纪念馆、展览馆、名胜古迹以及文化和旅游等方面的优先、优惠服务。

军人免费乘坐市内公共汽车、电车、轮渡和轨道交通工具。军人和烈士、因公牺牲军人、病故军人的遗属，以及与其随同出行的家属，乘坐境内运行的火车、轮船、长途公共汽车以及民航班机享受优先购票、优先乘车（船、机）等服务，残疾军人享受票价优惠。

第五十八条 地方人民政府和军队单位对因自然灾害、意外事故、重大疾病等原因，基本生活出现严重困难的军人家庭，应当给予救助和慰问。

第五十九条　地方人民政府和军队单位对在未成年子女入学入托、老年人养老等方面遇到困难的军人家庭，应当给予必要的帮扶。

国家鼓励和支持企业事业单位、社会组织和其他组织以及个人为困难军人家庭提供援助服务。

第六十条　军人、军人家属和烈士、因公牺牲军人、病故军人遗属的合法权益受到侵害的，有权向有关国家机关和军队单位提出申诉、控告。负责受理的国家机关和军队单位，应当依法及时处理，不得推诿、拖延。依法向人民法院提起诉讼的，人民法院应当优先立案、审理和执行，人民检察院可以支持起诉。

第六十一条　军人、军人家属和烈士、因公牺牲军人、病故军人的遗属维护合法权益遇到困难的，法律援助机构应当依法优先提供法律援助，司法机关应当依法优先提供司法救助。

第六十二条　侵害军人荣誉、名誉和其他相关合法权益，严重影响军人有效履行职责使命，致使社会公共利益受到损害的，人民检察院可以根据民事诉讼法、行政诉讼法的相关规定提起公益诉讼。

第六章　法律责任

第六十三条　国家机关及其工作人员、军队单位及其工作人员违反本法规定，在军人地位和权益保障工作中滥用职权、玩忽职守、徇私舞弊的，由其所在单位、主管部门或者上级机关责令改正；对负有责任的领导人员和直接责任人员，依法给予处分。

第六十四条　群团组织、企业事业单位、社会组织和其他组织违反本法规定，不履行优待义务的，由有关部门责令改正；对直接负责的主管人员和其他直接责任人员，依法给予处分。

第六十五条　违反本法规定，通过大众传播媒介或者其他方式，诋毁、贬损军人荣誉，侮辱、诽谤军人名誉，或者故意毁损、玷污军人的荣誉标识的，由公安、文化和旅游、新闻出版、电影、广播电视、网信或者其他有关主管部门依据各自的职权责令改正，并依法予以处理；造成精神损害的，受害人有权请求精神损害赔偿。

第六十六条 冒领或者以欺诈、伪造证明材料等手段骗取本法规定的相关荣誉、待遇或者抚恤优待的，由有关部门予以取消，依法给予没收违法所得等行政处罚。

第六十七条 违反本法规定，侵害军人的合法权益，造成财产损失或者其他损害的，依法承担民事责任。

违反本法规定，构成违反治安管理行为的，依法给予治安管理处罚；构成犯罪的，依法追究刑事责任。

第七章 附 则

第六十八条 本法所称军人家属，是指军人的配偶、父母（扶养人）、未成年子女、不能独立生活的成年子女。

本法所称烈士、因公牺牲军人、病故军人的遗属，是指烈士、因公牺牲军人、病故军人的配偶、父母（扶养人）、子女，以及由其承担抚养义务的兄弟姐妹。

第六十九条 中国人民武装警察部队服现役的警官、警士和义务兵等人员，适用本法。

第七十条 省、自治区、直辖市可以结合本地实际情况，根据本法制定保障军人地位和权益的具体办法。

第七十一条 本法自 2021 年 8 月 1 日起施行。

中华人民共和国军事设施保护法

（1990年2月23日第七届全国人民代表大会常务委员会第十二次会议通过　根据2009年8月27日第十一届全国人民代表大会常务委员会第十次会议《关于修改部分法律的决定》第一次修正　根据2014年6月27日第十二届全国人民代表大会常务委员会第九次会议《关于修改〈中华人民共和国军事设施保护法〉的决定》第二次修正　2021年6月10日第十三届全国人民代表大会常务委员会第二十九次会议修订　2021年6月10日中华人民共和国主席令第87号公布　自2021年8月1日起施行）

目　　录

第一章　总　　则

第一条　为了保护军事设施的安全，保障军事设施的使用效能和军事活动的正常进行，加强国防现代化建设，巩固国防，抵御侵略，根据宪法，制定本法。

第二条 本法所称军事设施，是指国家直接用于军事目的的下列建筑、场地和设备：

（一）指挥机关，地上和地下的指挥工程、作战工程；

（二）军用机场、港口、码头；

（三）营区、训练场、试验场；

（四）军用洞库、仓库；

（五）军用信息基础设施，军用侦察、导航、观测台站，军用测量、导航、助航标志；

（六）军用公路、铁路专用线，军用输电线路，军用输油、输水、输气管道；

（七）边防、海防管控设施；

（八）国务院和中央军事委员会规定的其他军事设施。

前款规定的军事设施，包括军队为执行任务必需设置的临时设施。

第三条 军事设施保护工作坚持中国共产党的领导。各级人民政府和军事机关应当共同保护军事设施，维护国防利益。

国务院、中央军事委员会按照职责分工，管理全国的军事设施保护工作。地方各级人民政府会同有关军事机关，管理本行政区域内的军事设施保护工作。

有关军事机关应当按照规定的权限和程序，提出需要地方人民政府落实的军事设施保护需求，地方人民政府应当会同有关军事机关制定具体保护措施并予以落实。

设有军事设施的地方，有关军事机关和县级以上地方人民政府应当建立军地军事设施保护协调机制，相互配合，监督、检查军事设施的保护工作，协调解决军事设施保护工作中的问题。

第四条 中华人民共和国的组织和公民都有保护军事设施的义务。

禁止任何组织或者个人破坏、危害军事设施。

任何组织或者个人对破坏、危害军事设施的行为,都有权检举、控告。

第五条 国家统筹兼顾经济建设、社会发展和军事设施保护,促进经济社会发展和军事设施保护相协调。

第六条 国家对军事设施实行分类保护、确保重点的方针。军事设施的分类和保护标准,由国务院和中央军事委员会规定。

第七条 国家对因设有军事设施、经济建设受到较大影响的地方,采取相应扶持政策和措施。具体办法由国务院和中央军事委员会规定。

第八条 对在军事设施保护工作中做出突出贡献的组织和个人,依照有关法律、法规的规定给予表彰和奖励。

第二章 军事禁区、军事管理区的划定

第九条 军事禁区、军事管理区根据军事设施的性质、作用、安全保密的需要和使用效能的要求划定,具体划定标准和确定程序,由国务院和中央军事委员会规定。

本法所称军事禁区,是指设有重要军事设施或者军事设施安全保密要求高、具有重大危险因素,需要国家采取特殊措施加以重点保护,依照法定程序和标准划定的军事区域。

本法所称军事管理区,是指设有较重要军事设施或者军事设施安全保密要求较高、具有较大危险因素,需要国家采取特殊措施加以保护,依照法定程序和标准划定的军事区域。

第十条 军事禁区、军事管理区由国务院和中央军事委员会确定,或者由有关军事机关根据国务院和中央军事委员会的规定确定。

军事禁区、军事管理区的撤销或者变更,依照前款规定办理。

第十一条 陆地和水域的军事禁区、军事管理区的范围,由省、自治区、直辖市人民政府和有关军级以上军事机关共同划定,

或者由省、自治区、直辖市人民政府、国务院有关部门和有关军级以上军事机关共同划定。空中军事禁区和特别重要的陆地、水域军事禁区的范围，由国务院和中央军事委员会划定。

军事禁区、军事管理区的范围调整，依照前款规定办理。

第十二条 军事禁区、军事管理区应当由县级以上地方人民政府按照国家统一规定的样式设置标志牌。

第十三条 军事禁区、军事管理区范围的划定或者调整，应当在确保军事设施安全保密和使用效能的前提下，兼顾经济建设、生态环境保护和当地居民的生产生活。

因军事设施建设需要划定或者调整军事禁区、军事管理区范围的，应当在军事设施建设项目开工建设前完成。但是，经战区级以上军事机关批准的除外。

第十四条 军事禁区、军事管理区范围的划定或者调整，需要征收、征用土地、房屋等不动产，压覆矿产资源，或者使用海域、空域等的，依照有关法律、法规的规定办理。

第十五条 军队为执行任务设置的临时军事设施需要划定陆地、水域临时军事禁区、临时军事管理区范围的，由县级以上地方人民政府和有关团级以上军事机关共同划定，并各自向上一级机关备案。其中，涉及有关海事管理机构职权的，应当在划定前征求其意见。划定之后，由县级以上地方人民政府或者有关海事管理机构予以公告。

军队执行任务结束后，应当依照前款规定的程序及时撤销划定的陆地、水域临时军事禁区、临时军事管理区。

第三章　军事禁区的保护

第十六条 军事禁区管理单位应当根据具体条件，按照划定的范围，为陆地军事禁区修筑围墙、设置铁丝网等障碍物，为水域军事禁区设置障碍物或者界线标志。

水域军事禁区的范围难以在实际水域设置障碍物或者界线标志的，有关海事管理机构应当向社会公告水域军事禁区的位置和边界。海域的军事禁区应当在海图上标明。

第十七条 禁止陆地、水域军事禁区管理单位以外的人员、车辆、船舶等进入军事禁区，禁止航空器在陆地、水域军事禁区上空进行低空飞行，禁止对军事禁区进行摄影、摄像、录音、勘察、测量、定位、描绘和记述。但是，经有关军事机关批准的除外。

禁止航空器进入空中军事禁区，但依照国家有关规定获得批准的除外。

使用军事禁区的摄影、摄像、录音、勘察、测量、定位、描绘和记述资料，应当经有关军事机关批准。

第十八条 在陆地军事禁区内，禁止建造、设置非军事设施，禁止开发利用地下空间。但是，经战区级以上军事机关批准的除外。

在水域军事禁区内，禁止建造、设置非军事设施，禁止从事水产养殖、捕捞以及其他妨碍军用舰船行动、危害军事设施安全和使用效能的活动。

第十九条 在陆地、水域军事禁区内采取的防护措施不足以保证军事设施安全保密和使用效能，或者陆地、水域军事禁区内的军事设施具有重大危险因素的，省、自治区、直辖市人民政府和有关军事机关，或者省、自治区、直辖市人民政府、国务院有关部门和有关军事机关根据军事设施性质、地形和当地经济建设、社会发展情况，可以在共同划定陆地、水域军事禁区范围的同时，在禁区外围共同划定安全控制范围，并在其外沿设置安全警戒标志。

安全警戒标志由县级以上地方人民政府按照国家统一规定的样式设置，地点由军事禁区管理单位和当地县级以上地方人民政府共同确定。

水域军事禁区外围安全控制范围难以在实际水域设置安全警戒标志的，依照本法第十六条第二款的规定执行。

第二十条　划定陆地、水域军事禁区外围安全控制范围，不改变原土地及土地附着物、水域的所有权。在陆地、水域军事禁区外围安全控制范围内，当地居民可以照常生产生活，但是不得进行爆破、射击以及其他危害军事设施安全和使用效能的活动。

因划定军事禁区外围安全控制范围影响不动产所有权人或者用益物权人行使权利的，依照有关法律、法规的规定予以补偿。

第四章　军事管理区的保护

第二十一条　军事管理区管理单位应当根据具体条件，按照划定的范围，为军事管理区修筑围墙、设置铁丝网或者界线标志。

第二十二条　军事管理区管理单位以外的人员、车辆、船舶等进入军事管理区，或者对军事管理区进行摄影、摄像、录音、勘察、测量、定位、描绘和记述，必须经军事管理区管理单位批准。

第二十三条　在陆地军事管理区内，禁止建造、设置非军事设施，禁止开发利用地下空间。但是，经军级以上军事机关批准的除外。

在水域军事管理区内，禁止从事水产养殖；未经军级以上军事机关批准，不得建造、设置非军事设施；从事捕捞或者其他活动，不得影响军用舰船的战备、训练、执勤等行动。

第二十四条　划为军事管理区的军民合用港口的水域，实行军地分区管理；在地方管理的水域内需要新建非军事设施的，必须事先征得军事设施管理单位的同意。

划为军事管理区的军民合用机场、港口、码头的管理办法，由国务院和中央军事委员会规定。

第五章　没有划入军事禁区、军事管理区的军事设施的保护

第二十五条　没有划入军事禁区、军事管理区的军事设施，军

事设施管理单位应当采取措施予以保护；军队团级以上管理单位也可以委托当地人民政府予以保护。

第二十六条　在没有划入军事禁区、军事管理区的军事设施一定距离内进行采石、取土、爆破等活动，不得危害军事设施的安全和使用效能。

第二十七条　没有划入军事禁区、军事管理区的作战工程外围应当划定安全保护范围。作战工程的安全保护范围，应当根据作战工程性质、地形和当地经济建设、社会发展情况，由省、自治区、直辖市人民政府和有关军事机关共同划定，或者由省、自治区、直辖市人民政府、国务院有关部门和有关军事机关共同划定。在作战工程布局相对集中的地区，作战工程安全保护范围可以连片划定。县级以上地方人民政府应当按照有关规定为作战工程安全保护范围设置界线标志。

作战工程安全保护范围的撤销或者调整，依照前款规定办理。

第二十八条　划定作战工程安全保护范围，不改变原土地及土地附着物的所有权。在作战工程安全保护范围内，当地居民可以照常生产生活，但是不得进行开山采石、采矿、爆破；从事修筑建筑物、构筑物、道路和进行农田水利基本建设、采伐林木等活动，不得危害作战工程安全和使用效能。

因划定作战工程安全保护范围影响不动产所有权人或者用益物权人行使权利的，依照有关法律、法规的规定予以补偿。

禁止私自开启封闭的作战工程，禁止破坏作战工程的伪装，禁止阻断进出作战工程的通道。未经作战工程管理单位师级以上的上级主管军事机关批准，不得对作战工程进行摄影、摄像、录音、勘察、测量、定位、描绘和记述，不得在作战工程内存放非军用物资器材或者从事种植、养殖等生产活动。

新建工程和建设项目，确实难以避开作战工程的，应当按照国家有关规定提出拆除或者迁建、改建作战工程的申请；申请未获批准的，不得拆除或者迁建、改建作战工程。

第二十九条 在军用机场净空保护区域内，禁止修建超出机场净空标准的建筑物、构筑物或者其他设施，不得从事影响飞行安全和机场助航设施使用效能的活动。

军用机场管理单位应当定期检查机场净空保护情况，发现修建的建筑物、构筑物或者其他设施超过军用机场净空保护标准的，应当及时向有关军事机关和当地人民政府主管部门报告。有关军事机关和当地人民政府主管部门应当依照本法规定及时处理。

第三十条 有关军事机关应当向地方人民政府通报当地军用机场净空保护有关情况和需求。

地方人民政府应当向有关军事机关通报可能影响军用机场净空保护的当地有关国土空间规划和高大建筑项目建设计划。

地方人民政府应当制定保护措施，督促有关单位对军用机场净空保护区域内的高大建筑物、构筑物或者其他设施设置飞行障碍标志。

第三十一条 军民合用机场以及由军队管理的保留旧机场、直升机起落坪的净空保护工作，适用军用机场净空保护的有关规定。

公路飞机跑道的净空保护工作，参照军用机场净空保护的有关规定执行。

第三十二条 地方各级人民政府和有关军事机关采取委托看管、分段负责等方式，实行军民联防，保护军用管线安全。

地下军用管线应当设立路由标石或者永久性标志，易遭损坏的路段、部位应当设置标志牌。已经公布具体位置、边界和路由的海域水下军用管线应当在海图上标明。

第三十三条 在军用无线电固定设施电磁环境保护范围内，禁止建造、设置影响军用无线电固定设施使用效能的设备和电磁障碍物体，不得从事影响军用无线电固定设施电磁环境的活动。

军用无线电固定设施电磁环境的保护措施，由军地无线电管理机构按照国家无线电管理相关规定和标准共同确定。

军事禁区、军事管理区内无线电固定设施电磁环境的保护，适用前两款规定。

军用无线电固定设施电磁环境保护涉及军事系统与非军事系统间的无线电管理事宜的，按照国家无线电管理的有关规定执行。

第三十四条 未经国务院和中央军事委员会批准或者国务院和中央军事委员会授权的机关批准，不得拆除、移动边防、海防管控设施，不得在边防、海防管控设施上搭建、设置民用设施。在边防、海防管控设施周边安排建设项目，不得危害边防、海防管控设施安全和使用效能。

第三十五条 任何组织和个人不得损毁或者擅自移动军用测量标志。在军用测量标志周边安排建设项目，不得危害军用测量标志安全和使用效能。

军用测量标志的保护，依照有关法律、法规的规定执行。

第六章 管理职责

第三十六条 县级以上地方人民政府编制国民经济和社会发展规划、安排可能影响军事设施保护的建设项目，国务院有关部门、地方人民政府编制国土空间规划等规划，应当兼顾军事设施保护的需要，并按照规定书面征求有关军事机关的意见。必要时，可以由地方人民政府会同有关部门、有关军事机关对建设项目进行评估。

国务院有关部门或者县级以上地方人民政府有关部门审批前款规定的建设项目，应当审查征求军事机关意见的情况；对未按规定征求军事机关意见的，应当要求补充征求意见；建设项目内容在审批过程中发生的改变可能影响军事设施保护的，应当再次征求有关军事机关的意见。

有关军事机关应当自收到征求意见函之日起三十日内提出书面答复意见；需要请示上级军事机关或者需要勘察、测量、测试的，答复时间可以适当延长，但通常不得超过九十日。

第三十七条 军队编制军事设施建设规划、组织军事设施项目建设，应当考虑地方经济建设、生态环境保护和社会发展的需要，符合国土空间规划等规划的总体要求，并进行安全保密环境评估和环境影响评价。涉及国土空间规划等规划的，应当征求国务院有关部门、地方人民政府的意见，尽量避开生态保护红线、自然保护地、地方经济建设热点区域和民用设施密集区域。确实不能避开，需要将生产生活设施拆除或者迁建的，应当依法进行。

第三十八条 县级以上地方人民政府安排建设项目或者开辟旅游景点，应当避开军事设施。确实不能避开，需要将军事设施拆除、迁建或者改作民用的，由省、自治区、直辖市人民政府或者国务院有关部门和战区级军事机关商定，并报国务院和中央军事委员会批准或者国务院和中央军事委员会授权的机关批准；需要将军事设施改建的，由有关军事机关批准。

因前款原因将军事设施拆除、迁建、改建或者改作民用的，由提出需求的地方人民政府依照有关规定给予有关军事机关政策支持或者经费补助。将军事设施迁建、改建涉及用地用海用岛的，地方人民政府应当依法及时办理相关手续。

第三十九条 军事设施因军事任务调整、周边环境变化和自然损毁等原因，失去使用效能并无需恢复重建的，军事设施管理单位应当按照规定程序及时报国务院和中央军事委员会批准或者国务院和中央军事委员会授权的机关批准，予以拆除或者改作民用。

军队执行任务结束后，应当及时将设置的临时军事设施拆除。

第四十条 军用机场、港口实行军民合用的，需经国务院和中央军事委员会批准。军用码头实行军民合用的，需经省、自治区、直辖市人民政府或者国务院有关部门会同战区级军事机关批准。

第四十一条 军事禁区、军事管理区和没有划入军事禁区、军事管理区的军事设施，县级以上地方人民政府应当会同军事设施管理单位制定具体保护措施，可以公告施行。

划入军事禁区、军事管理区的军事设施的具体保护措施，应当随军事禁区、军事管理区范围划定方案一并报批。

第四十二条 各级军事机关应当严格履行保护军事设施的职责，教育军队人员爱护军事设施，保守军事设施秘密，建立健全保护军事设施的规章制度，监督、检查、解决军事设施保护工作中的问题。

有关军事机关应当支持配合军事设施保护执法、司法活动。

第四十三条 军事设施管理单位应当认真执行有关保护军事设施的规章制度，建立军事设施档案，对军事设施进行检查、维护。

军事设施管理单位对军事设施的重要部位应当采取安全监控和技术防范措施，并及时根据军事设施保护需要和科技进步升级完善。

军事设施管理单位不得将军事设施用于非军事目的，但因执行应急救援等紧急任务的除外。

第四十四条 军事设施管理单位应当了解掌握军事设施周边建设项目等情况，发现可能危害军事设施安全和使用效能的，应当及时向有关军事机关和当地人民政府主管部门报告，并配合有关部门依法处理。

第四十五条 军事禁区、军事管理区的管理单位应当依照有关法律、法规的规定，保护军事禁区、军事管理区内的生态环境、自然资源和文物。

第四十六条 军事设施管理单位必要时应当向县级以上地方人民政府提供地下、水下军用管线的位置资料。地方进行建设时，当地人民政府应当对地下、水下军用管线予以保护。

第四十七条 各级人民政府应当加强国防和军事设施保护教育，使全体公民增强国防观念，保护军事设施，保守军事设施秘密，制止破坏、危害军事设施的行为。

第四十八条 县级以上地方人民政府应当会同有关军事机关，定期组织检查和评估本行政区域内军事设施保护情况，督促限期整改影响军事设施保护的隐患和问题，完善军事设施保护措施。

第四十九条 国家实行军事设施保护目标责任制和考核评价制度，将军事设施保护目标完成情况作为对地方人民政府、有关军事机关和军事设施管理单位及其负责人考核评价的内容。

第五十条 军事禁区、军事管理区需要公安机关协助维护治安管理秩序的，经国务院和中央军事委员会决定或者由有关军事机关提请省、自治区、直辖市公安机关批准，可以设立公安机构。

第五十一条 违反本法规定，有下列情形之一的，军事设施管理单位的执勤人员应当予以制止：

（一）非法进入军事禁区、军事管理区或者在陆地、水域军事禁区上空低空飞行的；

（二）对军事禁区、军事管理区非法进行摄影、摄像、录音、勘察、测量、定位、描绘和记述的；

（三）进行破坏、危害军事设施的活动的。

第五十二条 有本法第五十一条所列情形之一，不听制止的，军事设施管理单位依照国家有关规定，可以采取下列措施：

（一）强制带离、控制非法进入军事禁区、军事管理区或者驾驶、操控航空器在陆地、水域军事禁区上空低空飞行的人员，对违法情节严重的人员予以扣留并立即移送公安、国家安全等有管辖权的机关；

（二）立即制止信息传输等行为，扣押用于实施违法行为的器材、工具或者其他物品，并移送公安、国家安全等有管辖权的机关；

（三）在紧急情况下，清除严重危害军事设施安全和使用效能的障碍物；

（四）在危及军事设施安全或者执勤人员生命安全等紧急情况下依法使用武器。

军人、军队文职人员和军队其他人员有本法第五十一条所列情形之一的，依照军队有关规定处理。

第七章　法律责任

第五十三条　违反本法第十七条、第十八条、第二十三条规定，擅自进入水域军事禁区，在水域军事禁区内从事水产养殖、捕捞，在水域军事管理区内从事水产养殖，或者在水域军事管理区内从事捕捞等活动影响军用舰船行动的，由交通运输、渔业等主管部门给予警告，责令离开，没收渔具、渔获物。

第五十四条　违反本法第十八条、第二十三条、第二十四条规定，在陆地、水域军事禁区、军事管理区内建造、设置非军事设施，擅自开发利用陆地军事禁区、军事管理区地下空间，或者在划为军事管理区的军民合用港口地方管理的水域未征得军事设施管理单位同意建造、设置非军事设施的，由住房和城乡建设、自然资源、交通运输、渔业等主管部门责令停止兴建活动，对已建成的责令限期拆除。

第五十五条　违反本法第二十八条第一款规定，在作战工程安全保护范围内开山采石、采矿、爆破的，由自然资源、生态环境等主管部门以及公安机关责令停止违法行为，没收采出的产品和违法所得；修筑建筑物、构筑物、道路或者进行农田水利基本建设影响作战工程安全和使用效能的，由自然资源、生态环境、交通运输、农业农村、住房和城乡建设等主管部门给予警告，责令限期改正。

第五十六条　违反本法第二十八条第三款规定，私自开启封闭的作战工程，破坏作战工程伪装，阻断作战工程通道，将作战工程用于存放非军用物资器材或者种植、养殖等生产活动的，由公安机关以及自然资源等主管部门责令停止违法行为，限期恢复原状。

第五十七条　违反本法第二十八条第四款、第三十四条规定，擅自拆除、迁建、改建作战工程，或者擅自拆除、移动边防、海防管控设施的，由住房和城乡建设主管部门、公安机关等责令停止违法行为，限期恢复原状。

第五十八条 违反本法第二十九条第一款规定，在军用机场净空保护区域内修建超出军用机场净空保护标准的建筑物、构筑物或者其他设施的，由住房和城乡建设、自然资源主管部门责令限期拆除超高部分。

第五十九条 违反本法第三十三条规定，在军用无线电固定设施电磁环境保护范围内建造、设置影响军用无线电固定设施使用效能的设备和电磁障碍物体，或者从事影响军用无线电固定设施电磁环境的活动的，由自然资源、生态环境等主管部门以及无线电管理机构给予警告，责令限期改正；逾期不改正的，查封干扰设备或者强制拆除障碍物。

第六十条 有下列行为之一的，适用《中华人民共和国治安管理处罚法》第二十三条的处罚规定：

（一）非法进入军事禁区、军事管理区或者驾驶、操控航空器在陆地、水域军事禁区上空低空飞行，不听制止的；

（二）在军事禁区外围安全控制范围内，或者在没有划入军事禁区、军事管理区的军事设施一定距离内，进行危害军事设施安全和使用效能的活动，不听制止的；

（三）在军用机场净空保护区域内，进行影响飞行安全和机场助航设施使用效能的活动，不听制止的；

（四）对军事禁区、军事管理区非法进行摄影、摄像、录音、勘察、测量、定位、描绘和记述，不听制止的；

（五）其他扰乱军事禁区、军事管理区管理秩序和危害军事设施安全的行为，情节轻微，尚不够刑事处罚的。

第六十一条 违反国家规定，故意干扰军用无线电设施正常工作的，或者对军用无线电设施产生有害干扰，拒不按照有关主管部门的要求改正的，依照《中华人民共和国治安管理处罚法》第二十八条的规定处罚。

第六十二条 毁坏边防、海防管控设施以及军事禁区、军事管理区的围墙、铁丝网、界线标志或者其他军事设施的，依照《中华人民共和国治安管理处罚法》第三十三条的规定处罚。

第六十三条 有下列行为之一，构成犯罪的，依法追究刑事责任：

（一）破坏军事设施的；

（二）过失损坏军事设施，造成严重后果的；

（三）盗窃、抢夺、抢劫军事设施的装备、物资、器材的；

（四）泄露军事设施秘密，或者为境外的机构、组织、人员窃取、刺探、收买、非法提供军事设施秘密的；

（五）破坏军用无线电固定设施电磁环境，干扰军用无线电通讯，情节严重的；

（六）其他扰乱军事禁区、军事管理区管理秩序和危害军事设施安全的行为，情节严重的。

第六十四条 军人、军队文职人员和军队其他人员有下列行为之一，按照军队有关规定给予处分；构成犯罪的，依法追究刑事责任：

（一）有本法第五十三条至第六十三条规定行为的；

（二）擅自将军事设施用于非军事目的，或者有其他滥用职权行为的；

（三）擅离职守或者玩忽职守的。

第六十五条 公职人员在军事设施保护工作中有玩忽职守、滥用职权、徇私舞弊等行为的，依法给予处分；构成犯罪的，依法追究刑事责任。

第六十六条 违反本法规定，破坏、危害军事设施的，属海警机构职权范围的，由海警机构依法处理。

违反本法规定，有其他破坏、危害军事设施行为的，由有关主管部门依法处理。

第六十七条 违反本法规定，造成军事设施损失的，依法承担赔偿责任。

第六十八条 战时违反本法的，依法从重追究法律责任。

第八章　附　　则

第六十九条　中国人民武装警察部队所属军事设施的保护，适用本法。

第七十条　国防科技工业重要武器装备的科研、生产、试验、存储等设施的保护，参照本法有关规定执行。具体办法和设施目录由国务院和中央军事委员会规定。

第七十一条　国务院和中央军事委员会根据本法制定实施办法。

第七十二条　本法自2021年8月1日起施行。

全国人民代表大会常务委员会关于修改《中华人民共和国安全生产法》的决定

（2021年6月10日第十三届全国人民代表大会常务委员会第二十九次会议通过　2021年6月10日中华人民共和国主席令第88号公布　自2021年9月1日起施行）

第十三届全国人民代表大会常务委员会第二十九次会议决定对《中华人民共和国安全生产法》作如下修改：

一、将第三条修改为："安全生产工作坚持中国共产党的领导。

"安全生产工作应当以人为本，坚持人民至上、生命至上，把保护人民生命安全摆在首位，树牢安全发展理念，坚持安全第一、预防为主、综合治理的方针，从源头上防范化解重大安全风险。

"安全生产工作实行管行业必须管安全、管业务必须管安全、管生产经营必须管安全，强化和落实生产经营单位主体责任与政府监管责任,建立生产经营单位负责、职工参与、政府监管、行业自律和社会监督的机制。”

二、将第四条修改为:“生产经营单位必须遵守本法和其他有关安全生产的法律、法规,加强安全生产管理,建立健全全员安全生产责任制和安全生产规章制度,加大对安全生产资金、物资、技术、人员的投入保障力度,改善安全生产条件,加强安全生产标准化、信息化建设,构建安全风险分级管控和隐患排查治理双重预防机制,健全风险防范化解机制,提高安全生产水平,确保安全生产。

“平台经济等新兴行业、领域的生产经营单位应当根据本行业、领域的特点,建立健全并落实全员安全生产责任制,加强从业人员安全生产教育和培训,履行本法和其他法律、法规规定的有关安全生产义务。”

三、将第五条修改为:“生产经营单位的主要负责人是本单位安全生产第一责任人,对本单位的安全生产工作全面负责。其他负责人对职责范围内的安全生产工作负责。”

四、将第八条改为两条,作为第八条、第九条,修改为:“第八条　国务院和县级以上地方各级人民政府应当根据国民经济和社会发展规划制定安全生产规划,并组织实施。安全生产规划应当与国土空间规划等相关规划相衔接。

“各级人民政府应当加强安全生产基础设施建设和安全生产监管能力建设,所需经费列入本级预算。

“县级以上地方各级人民政府应当组织有关部门建立完善安全风险评估与论证机制,按照安全风险管控要求,进行产业规划和空间布局,并对位置相邻、行业相近、业态相似的生产经营单位实施重大安全风险联防联控。”

“第九条　国务院和县级以上地方各级人民政府应当加强对安全生产工作的领导,建立健全安全生产工作协调机制,支持、督促各有关部门依法履行安全生产监督管理职责,及时协调、解决安全生产监督管理中存在的重大问题。

"乡镇人民政府和街道办事处,以及开发区、工业园区、港区、风景区等应当明确负责安全生产监督管理的有关工作机构及其职责,加强安全生产监管力量建设,按照职责对本行政区域或者管理区域内生产经营单位安全生产状况进行监督检查,协助人民政府有关部门或者按照授权依法履行安全生产监督管理职责。"

五、将第九条改为第十条,修改为:"国务院应急管理部门依照本法,对全国安全生产工作实施综合监督管理;县级以上地方各级人民政府应急管理部门依照本法,对本行政区域内安全生产工作实施综合监督管理。

"国务院交通运输、住房和城乡建设、水利、民航等有关部门依照本法和其他有关法律、行政法规的规定,在各自的职责范围内对有关行业、领域的安全生产工作实施监督管理;县级以上地方各级人民政府有关部门依照本法和其他有关法律、法规的规定,在各自的职责范围内对有关行业、领域的安全生产工作实施监督管理。对新兴行业、领域的安全生产监督管理职责不明确的,由县级以上地方各级人民政府按照业务相近的原则确定监督管理部门。

"应急管理部门和对有关行业、领域的安全生产工作实施监督管理的部门,统称负有安全生产监督管理职责的部门。负有安全生产监督管理职责的部门应当相互配合、齐抓共管、信息共享、资源共用,依法加强安全生产监督管理工作。"

六、增加一条,作为第十二条:"国务院有关部门按照职责分工负责安全生产强制性国家标准的项目提出、组织起草、征求意见、技术审查。国务院应急管理部门统筹提出安全生产强制性国家标准的立项计划。国务院标准化行政主管部门负责安全生产强制性国家标准的立项、编号、对外通报和授权批准发布工作。国务院标准化行政主管部门、有关部门依据法定职责对安全生产强制性国家标准的实施进行监督检查。"

七、增加一条,作为第十七条:"县级以上各级人民政府应当组织负有安全生产监督管理职责的部门依法编制安全生产权力和责任清单,公开并接受社会监督。”

八、将第十八条改为第二十一条,修改为:“生产经营单位的主要负责人对本单位安全生产工作负有下列职责:

“(一)建立健全并落实本单位全员安全生产责任制,加强安全生产标准化建设;

“(二)组织制定并实施本单位安全生产规章制度和操作规程;

“(三)组织制定并实施本单位安全生产教育和培训计划;

“(四)保证本单位安全生产投入的有效实施;

“(五)组织建立并落实安全风险分级管控和隐患排查治理双重预防工作机制,督促、检查本单位的安全生产工作,及时消除生产安全事故隐患;

“(六)组织制定并实施本单位的生产安全事故应急救援预案;

“(七)及时、如实报告生产安全事故。”

九、将第二十二条改为第二十五条,修改为:“生产经营单位的安全生产管理机构以及安全生产管理人员履行下列职责:

“(一)组织或者参与拟订本单位安全生产规章制度、操作规程和生产安全事故应急救援预案;

“(二)组织或者参与本单位安全生产教育和培训,如实记录安全生产教育和培训情况;

“(三)组织开展危险源辨识和评估,督促落实本单位重大危险源的安全管理措施;

“(四)组织或者参与本单位应急救援演练;

“(五)检查本单位的安全生产状况,及时排查生产安全事故隐患,提出改进安全生产管理的建议;

“(六)制止和纠正违章指挥、强令冒险作业、违反操作规程的行为;

“(七)督促落实本单位安全生产整改措施。

“生产经营单位可以设置专职安全生产分管负责人,协助本单位主要负责人履行安全生产管理职责。”

十、将第三十三条改为第三十六条，增加两款，作为第三款、第四款："生产经营单位不得关闭、破坏直接关系生产安全的监控、报警、防护、救生设备、设施，或者篡改、隐瞒、销毁其相关数据、信息。

"餐饮等行业的生产经营单位使用燃气的，应当安装可燃气体报警装置，并保障其正常使用。"

十一、将第三十七条改为第四十条，第二款修改为："生产经营单位应当按照国家有关规定将本单位重大危险源及有关安全措施、应急措施报有关地方人民政府应急管理部门和有关部门备案。有关地方人民政府应急管理部门和有关部门应当通过相关信息系统实现信息共享。"

十二、将第三十八条改为第四十一条，修改为："生产经营单位应当建立安全风险分级管控制度，按照安全风险分级采取相应的管控措施。

"生产经营单位应当建立健全并落实生产安全事故隐患排查治理制度，采取技术、管理措施，及时发现并消除事故隐患。事故隐患排查治理情况应当如实记录，并通过职工大会或者职工代表大会、信息公示栏等方式向从业人员通报。其中，重大事故隐患排查治理情况应当及时向负有安全生产监督管理职责的部门和职工大会或者职工代表大会报告。

"县级以上地方各级人民政府负有安全生产监督管理职责的部门应当将重大事故隐患纳入相关信息系统，建立健全重大事故隐患治理督办制度，督促生产经营单位消除重大事故隐患。"

十三、将第四十一条改为第四十四条，增加一款，作为第二款："生产经营单位应当关注从业人员的身体、心理状况和行为习惯，加强对从业人员的心理疏导、精神慰藉，严格落实岗位安全生产责任，防范从业人员行为异常导致事故发生。"

十四、将第四十六条改为第四十九条，增加一款，作为第三款："矿山、金属冶炼建设项目和用于生产、储存、装卸危险物品的建设项目的施工单位应当加强对施工项目的安全管理，不得倒卖、出租、出借、挂靠或者以其他形式非法转让施工资质，不得将其承包的全部建设工程转包给第三人或者将其承包的全部建设工程支解以后以分包的名义分别转包给第三人，不得将工程分包给不具备相应资质条件的单位。”

十五、将第四十八条改为第五十一条，第二款修改为：“国家鼓励生产经营单位投保安全生产责任保险；属于国家规定的高危行业、领域的生产经营单位，应当投保安全生产责任保险。具体范围和实施办法由国务院应急管理部门会同国务院财政部门、国务院保险监督管理机构和相关行业主管部门制定。”

十六、将第五十三条改为第五十六条，修改为：“生产经营单位发生生产安全事故后，应当及时采取措施救治有关人员。

“因生产安全事故受到损害的从业人员，除依法享有工伤保险外，依照有关民事法律尚有获得赔偿的权利的，有权提出赔偿要求。”

十七、将第五十四条改为第五十七条，修改为：“从业人员在作业过程中，应当严格落实岗位安全责任，遵守本单位的安全生产规章制度和操作规程，服从管理，正确佩戴和使用劳动防护用品。”

十八、将第六十九条改为第七十二条，修改为：“承担安全评价、认证、检测、检验职责的机构应当具备国家规定的资质条件，并对其作出的安全评价、认证、检测、检验结果的合法性、真实性负责。资质条件由国务院应急管理部门会同国务院有关部门制定。

“承担安全评价、认证、检测、检验职责的机构应当建立并实施服务公开和报告公开制度，不得租借资质、挂靠、出具虚假报告。”

十九、将第七十条改为第七十三条，修改为：“负有安全生产监督管理职责的部门应当建立举报制度，公开举报电话、信箱或者电子邮件地址等网络举报平台，受理有关安全生产的举报；受理的举报事项经调查核实后，应当形成书面材料；需要落实整改措施的，报经有关负责人签字并督促落实。对不属于本部门职责，需要由其他有关部门进行调查处理的，转交其他有关部门处理。

"涉及人员死亡的举报事项,应当由县级以上人民政府组织核查处理。"

二十、将第七十一条改为第七十四条,增加一款,作为第二款:"因安全生产违法行为造成重大事故隐患或者导致重大事故,致使国家利益或者社会公共利益受到侵害的,人民检察院可以根据民事诉讼法、行政诉讼法的相关规定提起公益诉讼。"

二十一、将第七十五条改为第七十八条,修改为:"负有安全生产监督管理职责的部门应当建立安全生产违法行为信息库,如实记录生产经营单位及其有关从业人员的安全生产违法行为信息;对违法行为情节严重的生产经营单位及其有关从业人员,应当及时向社会公告,并通报行业主管部门、投资主管部门、自然资源主管部门、生态环境主管部门、证券监督管理机构以及有关金融机构。有关部门和机构应当对存在失信行为的生产经营单位及其有关从业人员采取加大执法检查频次、暂停项目审批、上调有关保险费率、行业或者职业禁入等联合惩戒措施,并向社会公示。

"负有安全生产监督管理职责的部门应当加强对生产经营单位行政处罚信息的及时归集、共享、应用和公开,对生产经营单位作出处罚决定后七个工作日内在监督管理部门公示系统予以公开曝光,强化对违法失信生产经营单位及其有关从业人员的社会监督,提高全社会安全生产诚信水平。"

二十二、将第七十六条改为第七十九条,修改为:"国家加强生产安全事故应急能力建设,在重点行业、领域建立应急救援基地和应急救援队伍,并由国家安全生产应急救援机构统一协调指挥;鼓励生产经营单位和其他社会力量建立应急救援队伍,配备相应的应急救援装备和物资,提高应急救援的专业化水平。

"国务院应急管理部门牵头建立全国统一的生产安全事故应急救援信息系统,国务院交通运输、住房和城乡建设、水利、民航等有关部门和县级以上地方人民政府建立健全相关行业、领域、地区的生产安全事故应急救援信息系统,实现互联互通、信息共享,通过推行网上安全信息采集、安全监管和监测预警，提升监管的精准化、智能化水平。”

二十三、将第七十七条改为第八十条，增加一款，作为第二款：“乡镇人民政府和街道办事处，以及开发区、工业园区、港区、风景区等应当制定相应的生产安全事故应急救援预案，协助人民政府有关部门或者按照授权依法履行生产安全事故应急救援工作职责。”

二十四、将第八十三条改为第八十六条，第一款修改为：“事故调查处理应当按照科学严谨、依法依规、实事求是、注重实效的原则，及时、准确地查清事故原因，查明事故性质和责任，评估应急处置工作，总结事故教训，提出整改措施，并对事故责任单位和人员提出处理建议。事故调查报告应当依法及时向社会公布。事故调查和处理的具体办法由国务院制定。”

增加一款，作为第三款：“负责事故调查处理的国务院有关部门和地方人民政府应当在批复事故调查报告后一年内，组织有关部门对事故整改和防范措施落实情况进行评估，并及时向社会公开评估结果；对不履行职责导致事故整改和防范措施没有落实的有关单位和人员，应当按照有关规定追究责任。”

二十五、将第八十九条改为第九十二条，修改为：“承担安全评价、认证、检测、检验职责的机构出具失实报告的，责令停业整顿，并处三万元以上十万元以下的罚款；给他人造成损害的，依法承担赔偿责任。

“承担安全评价、认证、检测、检验职责的机构租借资质、挂靠、出具虚假报告的，没收违法所得；违法所得在十万元以上的，并处违法所得二倍以上五倍以下的罚款，没有违法所得或者违法所得不足十万元的，单处或者并处十万元以上二十万元以下的罚款；对其直接负责的主管人员和其他直接责任人员处五万元以上十万元以下的罚款；给他人造成损害的，与生产经营单位承担连带赔偿责任；构成犯罪的，依照刑法有关规定追究刑事责任。

“对有前款违法行为的机构及其直接责任人员，吊销其相应资质和资格，五年内不得从事安全评价、认证、检测、检验等工作；情节严重的，实行终身行业和职业禁入。”

二十六、将第九十一条改为第九十四条，第一款修改为：“生产经营单位的主要负责人未履行本法规定的安全生产管理职责的，责令限期改正，处二万元以上五万元以下的罚款；逾期未改正的，处五万元以上十万元以下的罚款，责令生产经营单位停产停业整顿。”

二十七、将第九十二条改为第九十五条，修改为：“生产经营单位的主要负责人未履行本法规定的安全生产管理职责，导致发生生产安全事故的，由应急管理部门依照下列规定处以罚款：

“（一）发生一般事故的，处上一年年收入百分之四十的罚款；

“（二）发生较大事故的，处上一年年收入百分之六十的罚款；

“（三）发生重大事故的，处上一年年收入百分之八十的罚款；

“（四）发生特别重大事故的，处上一年年收入百分之一百的罚款。”

二十八、将第九十三条改为第九十六条，修改为：“生产经营单位的其他负责人和安全生产管理人员未履行本法规定的安全生产管理职责的，责令限期改正，处一万元以上三万元以下的罚款；导致发生生产安全事故的，暂停或者吊销其与安全生产有关的资格，并处上一年年收入百分之二十以上百分之五十以下的罚款；构成犯罪的，依照刑法有关规定追究刑事责任。”

二十九、将第九十四条改为第九十七条，修改为：“生产经营单位有下列行为之一的，责令限期改正，处十万元以下的罚款；逾期未改正的，责令停产停业整顿，并处十万元以上二十万元以下的罚款，对其直接负责的主管人员和其他直接责任人员处二万元以上五万元以下的罚款：

“（一）未按照规定设置安全生产管理机构或者配备安全生产管理人员、注册安全工程师的；

“（二）危险物品的生产、经营、储存、装卸单位以及矿山、金属冶炼、建筑施工、运输单位的主要负责人和安全生产管理人员未按照规定经考核合格的；

“（三）未按照规定对从业人员、被派遣劳动者、实习学生进行安全生产教育和培训，或者未按照规定如实告知有关的安全生产事项的；

“（四）未如实记录安全生产教育和培训情况的；

“（五）未将事故隐患排查治理情况如实记录或者未向从业人员通报的；

“（六）未按照规定制定生产安全事故应急救援预案或者未定期组织演练的；

“（七）特种作业人员未按照规定经专门的安全作业培训并取得相应资格，上岗作业的。”

三十、将第九十五条改为第九十八条，修改为：“生产经营单位有下列行为之一的，责令停止建设或者停产停业整顿，限期改正，并处十万元以上五十万元以下的罚款，对其直接负责的主管人员和其他直接责任人员处二万元以上五万元以下的罚款；逾期未改正的，处五十万元以上一百万元以下的罚款，对其直接负责的主管人员和其他直接责任人员处五万元以上十万元以下的罚款；构成犯罪的，依照刑法有关规定追究刑事责任：

“（一）未按照规定对矿山、金属冶炼建设项目或者用于生产、储存、装卸危险物品的建设项目进行安全评价的；

“（二）矿山、金属冶炼建设项目或者用于生产、储存、装卸危险物品的建设项目没有安全设施设计或者安全设施设计未按照规定报经有关部门审查同意的；

“（三）矿山、金属冶炼建设项目或者用于生产、储存、装卸危险物品的建设项目的施工单位未按照批准的安全设施设计施工的；

“（四）矿山、金属冶炼建设项目或者用于生产、储存、装卸危险物品的建设项目竣工投入生产或者使用前，安全设施未经验收合格的。”

三十一、将第九十六条改为第九十九条，增加两项，作为第四项、第八项：“（四）关闭、破坏直接关系生产安全的监控、报警、防护、救生设备、设施，或者篡改、隐瞒、销毁其相关数据、信息的；

“（八）餐饮等行业的生产经营单位使用燃气未安装可燃气体报警装置的。”

三十二、将第九十八条改为第一百零一条，修改为：“生产经营单位有下列行为之一的，责令限期改正，处十万元以下的罚款；逾期未改正的，责令停产停业整顿，并处十万元以上二十万元以下的罚款，对其直接负责的主管人员和其他直接责任人员处二万元以上五万元以下的罚款；构成犯罪的，依照刑法有关规定追究刑事责任：

“（一）生产、经营、运输、储存、使用危险物品或者处置废弃危险物品，未建立专门安全管理制度、未采取可靠的安全措施的；

“（二）对重大危险源未登记建档，未进行定期检测、评估、监控，未制定应急预案，或者未告知应急措施的；

“（三）进行爆破、吊装、动火、临时用电以及国务院应急管理部门会同国务院有关部门规定的其他危险作业，未安排专门人员进行现场安全管理的；

“（四）未建立安全风险分级管控制度或者未按照安全风险分级采取相应管控措施的；

“（五）未建立事故隐患排查治理制度，或者重大事故隐患排查治理情况未按照规定报告的。”

三十三、将第九十九条改为第一百零二条，修改为：“生产经营单位未采取措施消除事故隐患的，责令立即消除或者限期消除，处五万元以下的罚款；生产经营单位拒不执行的，责令停产停业整顿，对其直接负责的主管人员和其他直接责任人员处五万元以上十万元以下的罚款；构成犯罪的，依照刑法有关规定追究刑事责任。”

三十四、将第一百条改为第一百零三条，增加一款，作为第三款："矿山、金属冶炼建设项目和用于生产、储存、装卸危险物品的建设项目的施工单位未按照规定对施工项目进行安全管理的，责令限期改正，处十万元以下的罚款，对其直接负责的主管人员和其他直接责任人员处二万元以下的罚款；逾期未改正的，责令停产停业整顿。以上施工单位倒卖、出租、出借、挂靠或者以其他形式非法转让施工资质的，责令停产停业整顿，吊销资质证书，没收违法所得；违法所得十万元以上的，并处违法所得二倍以上五倍以下的罚款，没有违法所得或者违法所得不足十万元的，单处或者并处十万元以上二十万元以下的罚款；对其直接负责的主管人员和其他直接责任人员处五万元以上十万元以下的罚款；构成犯罪的，依照刑法有关规定追究刑事责任。"

三十五、将第一百零四条改为第一百零七条，修改为："生产经营单位的从业人员不落实岗位安全责任，不服从管理，违反安全生产规章制度或者操作规程的，由生产经营单位给予批评教育，依照有关规章制度给予处分；构成犯罪的，依照刑法有关规定追究刑事责任。"

三十六、增加一条，作为第一百零九条："高危行业、领域的生产经营单位未按照国家规定投保安全生产责任保险的，责令限期改正，处五万元以上十万元以下的罚款；逾期未改正的，处十万元以上二十万元以下的罚款。"

三十七、增加一条，作为第一百一十二条："生产经营单位违反本法规定，被责令改正且受到罚款处罚，拒不改正的，负有安全生产监督管理职责的部门可以自作出责令改正之日的次日起，按照原处罚数额按日连续处罚。"

三十八、将第一百零八条改为第一百一十三条，修改为："生产经营单位存在下列情形之一的，负有安全生产监督管理职责的部门应当提请地方人民政府予以关闭，有关部门应当依法吊销其有关证照。生产经营单位主要负责人五年内不得担任任何生产经营

单位的主要负责人;情节严重的,终身不得担任本行业生产经营单位的主要负责人:

"(一)存在重大事故隐患,一百八十日内三次或者一年内四次受到本法规定的行政处罚的;

"(二)经停产停业整顿,仍不具备法律、行政法规和国家标准或者行业标准规定的安全生产条件的;

"(三)不具备法律、行政法规和国家标准或者行业标准规定的安全生产条件,导致发生重大、特别重大生产安全事故的;

"(四)拒不执行负有安全生产监督管理职责的部门作出的停产停业整顿决定的。"

三十九、将第一百零九条改为第一百一十四条,修改为:"发生生产安全事故,对负有责任的生产经营单位除要求其依法承担相应的赔偿等责任外,由应急管理部门依照下列规定处以罚款:

"(一)发生一般事故的,处三十万元以上一百万元以下的罚款;

"(二)发生较大事故的,处一百万元以上二百万元以下的罚款;

"(三)发生重大事故的,处二百万元以上一千万元以下的罚款;

"(四)发生特别重大事故的,处一千万元以上二千万元以下的罚款。

"发生生产安全事故,情节特别严重、影响特别恶劣的,应急管理部门可以按照前款罚款数额的二倍以上五倍以下对负有责任的生产经营单位处以罚款。"

四十、将第一百一十条改为第一百一十五条,修改为:"本法规定的行政处罚,由应急管理部门和其他负有安全生产监督管理职责的部门按照职责分工决定;其中,根据本法第九十五条、第一百一十条、第一百一十四条的规定应当给予民航、铁路、电力行业的生产经营单位及其主要负责人行政处罚的,也可以由主管的负有安全生产监督管理职责的部门进行处罚。予以关闭的行政处罚，由负有安全生产监督管理职责的部门报请县级以上人民政府按照国务院规定的权限决定；给予拘留的行政处罚，由公安机关依照治安管理处罚的规定决定。”

四十一、将第一百一十三条改为第一百一十八条，第二款修改为：“国务院应急管理部门和其他负有安全生产监督管理职责的部门应当根据各自的职责分工，制定相关行业、领域重大危险源的辨识标准和重大事故隐患的判定标准。”

四十二、对部分条文作以下修改：

（一）将第二十条、第二十四条、第二十七条、第三十五条、第四十条、第五十九条、第六十二条、第七十三条、第八十六条、第一百零六条中的“安全生产监督管理部门”修改为“应急管理部门”，第三十一条中的“安全生产监督管理部门”修改为“负有安全生产监督管理职责的部门”，第四十条中的“吊装”修改为“吊装、动火、临时用电”。

（二）将第十四条中的“生产安全事故责任人员”修改为“生产安全事故责任单位和责任人员”。

（三）将第十九条中的“安全生产责任制”修改为“全员安全生产责任制”。

（四）将第二十一条、第二十四条中的“道路运输单位”修改为“运输单位”，“储存”修改为“储存、装卸”；将第三十一条第二款中的“储存”修改为“储存、装卸”。

（五）将第三十九条第二款、第一百零二条第二项中的“锁闭、封堵”修改为“占用、锁闭、封堵”，“出口”修改为“出口、疏散通道”。

（六）将第六十四条中的“监督执法”修改为“行政执法”。

（七）删去第六十八条中的“行政”。

（八）将第八十四条中的“第八十七条”修改为“第九十条”。

（九）删去第九十六条、第一百条、第一百零一条、第一百零二条中的"可以"。

本决定自2021年9月1日起施行。

《中华人民共和国安全生产法》根据本决定作相应修改并对条文顺序作相应调整，重新公布。

中华人民共和国印花税法

（2021年6月10日第十三届全国人民代表大会常务委员会第二十九次会议通过　2021年6月10日中华人民共和国主席令第89号公布　自2022年7月1日起施行）

第一条　在中华人民共和国境内书立应税凭证、进行证券交易的单位和个人，为印花税的纳税人，应当依照本法规定缴纳印花税。

在中华人民共和国境外书立在境内使用的应税凭证的单位和个人，应当依照本法规定缴纳印花税。

第二条　本法所称应税凭证，是指本法所附《印花税税目税率表》列明的合同、产权转移书据和营业账簿。

第三条　本法所称证券交易，是指转让在依法设立的证券交易所、国务院批准的其他全国性证券交易场所交易的股票和以股票为基础的存托凭证。

证券交易印花税对证券交易的出让方征收，不对受让方征收。

第四条　印花税的税目、税率，依照本法所附《印花税税目税率表》执行。

第五条　印花税的计税依据如下：

（一）应税合同的计税依据，为合同所列的金额，不包括列明的增值税税款；

（二）应税产权转移书据的计税依据，为产权转移书据所列的金额，不包括列明的增值税税款；

（三）应税营业账簿的计税依据，为账簿记载的实收资本（股本）、资本公积合计金额；

（四）证券交易的计税依据，为成交金额。

第六条 应税合同、产权转移书据未列明金额的，印花税的计税依据按照实际结算的金额确定。

计税依据按照前款规定仍不能确定的，按照书立合同、产权转移书据时的市场价格确定；依法应当执行政府定价或者政府指导价的，按照国家有关规定确定。

第七条 证券交易无转让价格的，按照办理过户登记手续时该证券前一个交易日收盘价计算确定计税依据；无收盘价的，按照证券面值计算确定计税依据。

第八条 印花税的应纳税额按照计税依据乘以适用税率计算。

第九条 同一应税凭证载有两个以上税目事项并分别列明金额的，按照各自适用的税目税率分别计算应纳税额；未分别列明金额的，从高适用税率。

第十条 同一应税凭证由两方以上当事人书立的，按照各自涉及的金额分别计算应纳税额。

第十一条 已缴纳印花税的营业账簿，以后年度记载的实收资本（股本）、资本公积合计金额比已缴纳印花税的实收资本（股本）、资本公积合计金额增加的，按照增加部分计算应纳税额。

第十二条 下列凭证免征印花税：

（一）应税凭证的副本或者抄本；

（二）依照法律规定应当予以免税的外国驻华使馆、领事馆和国际组织驻华代表机构为获得馆舍书立的应税凭证；

（三）中国人民解放军、中国人民武装警察部队书立的应税凭证；

（四）农民、家庭农场、农民专业合作社、农村集体经济组织、村民委员会购买农业生产资料或者销售农产品书立的买卖合同和农业保险合同；

（五）无息或者贴息借款合同、国际金融组织向中国提供优惠贷款书立的借款合同；

（六）财产所有权人将财产赠与政府、学校、社会福利机构、慈善组织书立的产权转移书据；

（七）非营利性医疗卫生机构采购药品或者卫生材料书立的买卖合同；

（八）个人与电子商务经营者订立的电子订单。

根据国民经济和社会发展的需要，国务院对居民住房需求保障、企业改制重组、破产、支持小型微型企业发展等情形可以规定减征或者免征印花税，报全国人民代表大会常务委员会备案。

第十三条 纳税人为单位的，应当向其机构所在地的主管税务机关申报缴纳印花税；纳税人为个人的，应当向应税凭证书立地或者纳税人居住地的主管税务机关申报缴纳印花税。

不动产产权发生转移的，纳税人应当向不动产所在地的主管税务机关申报缴纳印花税。

第十四条 纳税人为境外单位或者个人，在境内有代理人的，以其境内代理人为扣缴义务人；在境内没有代理人的，由纳税人自行申报缴纳印花税，具体办法由国务院税务主管部门规定。

证券登记结算机构为证券交易印花税的扣缴义务人，应当向其机构所在地的主管税务机关申报解缴税款以及银行结算的利息。

第十五条 印花税的纳税义务发生时间为纳税人书立应税凭证或者完成证券交易的当日。

证券交易印花税扣缴义务发生时间为证券交易完成的当日。

第十六条 印花税按季、按年或者按次计征。实行按季、按年计征的，纳税人应当自季度、年度终了之日起十五日内申报缴纳税款；实行按次计征的，纳税人应当自纳税义务发生之日起十五日内申报缴纳税款。

证券交易印花税按周解缴。证券交易印花税扣缴义务人应当自每周终了之日起五日内申报解缴税款以及银行结算的利息。

第十七条 印花税可以采用粘贴印花税票或者由税务机关依法开具其他完税凭证的方式缴纳。

印花税票粘贴在应税凭证上的,由纳税人在每枚税票的骑缝处盖戳注销或者画销。

印花税票由国务院税务主管部门监制。

第十八条 印花税由税务机关依照本法和《中华人民共和国税收征收管理法》的规定征收管理。

第十九条 纳税人、扣缴义务人和税务机关及其工作人员违反本法规定的,依照《中华人民共和国税收征收管理法》和有关法律、行政法规的规定追究法律责任。

第二十条 本法自2022年7月1日起施行。1988年8月6日国务院发布的《中华人民共和国印花税暂行条例》同时废止。

附

印花税税目税率表

税目		税率	备注
合同(指书面合同)	借款合同	借款金额的万分之零点五	指银行业金融机构、经国务院银行业监督管理机构批准设立的其他金融机构与借款人(不包括同业拆借)的借款合同
	融资租赁合同	租金的万分之零点五	
	买卖合同	价款的万分之三	指动产买卖合同(不包括个人书立的动产买卖合同)
	承揽合同	报酬的万分之三	
	建设工程合同	价款的万分之三	

续表

税目		税率	备注
合同（指书面合同）	运输合同	运输费用的万分之三	指货运合同和多式联运合同（不包括管道运输合同）
	技术合同	价款、报酬或者使用费的万分之三	不包括专利权、专有技术使用权转让书据
	租赁合同	租金的千分之一	
	保管合同	保管费的千分之一	
	仓储合同	仓储费的千分之一	
	财产保险合同	保险费的千分之一	不包括再保险合同
产权转移书据	土地使用权出让书据	价款的万分之五	转让包括买卖（出售）、继承、赠与、互换、分割
	土地使用权、房屋等建筑物和构筑物所有权转让书据（不包括土地承包经营权和土地经营权转移）	价款的万分之五	
	股权转让书据（不包括应缴纳证券交易印花税的）	价款的万分之五	
	商标专用权、著作权、专利权、专有技术使用权转让书据	价款的万分之三	
营业账簿		实收资本（股本）、资本公积合计金额的万分之二点五	
证券交易		成交金额的千分之一	

中华人民共和国反外国制裁法

（2021年6月10日第十三届全国人民代表大会常务委员会第二十九次会议通过　2021年6月10日中华人民共和国主席令第90号公布　自公布之日起施行）

第一条　为了维护国家主权、安全、发展利益，保护我国公民、组织的合法权益，根据宪法，制定本法。

第二条　中华人民共和国坚持独立自主的和平外交政策，坚持互相尊重主权和领土完整、互不侵犯、互不干涉内政、平等互利、和平共处的五项原则，维护以联合国为核心的国际体系和以国际法为基础的国际秩序，发展同世界各国的友好合作，推动构建人类命运共同体。

第三条　中华人民共和国反对霸权主义和强权政治，反对任何国家以任何借口、任何方式干涉中国内政。

外国国家违反国际法和国际关系基本准则，以各种借口或者依据其本国法律对我国进行遏制、打压，对我国公民、组织采取歧视性限制措施，干涉我国内政的，我国有权采取相应反制措施。

第四条　国务院有关部门可以决定将直接或者间接参与制定、决定、实施本法第三条规定的歧视性限制措施的个人、组织列入反制清单。

第五条　除根据本法第四条规定列入反制清单的个人、组织以外，国务院有关部门还可以决定对下列个人、组织采取反制措施：

（一）列入反制清单个人的配偶和直系亲属；

（二）列入反制清单组织的高级管理人员或者实际控制人；

（三）由列入反制清单个人担任高级管理人员的组织；

（四）由列入反制清单个人和组织实际控制或者参与设立、运营的组织。

第六条 国务院有关部门可以按照各自职责和任务分工，对本法第四条、第五条规定的个人、组织，根据实际情况决定采取下列一种或者几种措施：

（一）不予签发签证、不准入境、注销签证或者驱逐出境；

（二）查封、扣押、冻结在我国境内的动产、不动产和其他各类财产；

（三）禁止或者限制我国境内的组织、个人与其进行有关交易、合作等活动；

（四）其他必要措施。

第七条 国务院有关部门依据本法第四条至第六条规定作出的决定为最终决定。

第八条 采取反制措施所依据的情形发生变化的，国务院有关部门可以暂停、变更或者取消有关反制措施。

第九条 反制清单和反制措施的确定、暂停、变更或者取消，由外交部或者国务院其他有关部门发布命令予以公布。

第十条 国家设立反外国制裁工作协调机制，负责统筹协调相关工作。

国务院有关部门应当加强协同配合和信息共享，按照各自职责和任务分工确定和实施有关反制措施。

第十一条 我国境内的组织和个人应当执行国务院有关部门采取的反制措施。

对违反前款规定的组织和个人，国务院有关部门依法予以处理，限制或者禁止其从事相关活动。

第十二条 任何组织和个人均不得执行或者协助执行外国国家对我国公民、组织采取的歧视性限制措施。

组织和个人违反前款规定，侵害我国公民、组织合法权益的，我国公民、组织可以依法向人民法院提起诉讼，要求其停止侵害、赔偿损失。

第十三条　对于危害我国主权、安全、发展利益的行为，除本法规定外，有关法律、行政法规、部门规章可以规定采取其他必要的反制措施。

第十四条　任何组织和个人不执行、不配合实施反制措施的，依法追究法律责任。

第十五条　对于外国国家、组织或者个人实施、协助、支持危害我国主权、安全、发展利益的行为，需要采取必要反制措施的，参照本法有关规定执行。

第十六条　本法自公布之日起施行。

有关法律问题的决定

全国人民代表大会常务委员会关于授权上海市人民代表大会及其常务委员会制定浦东新区法规的决定

（2021 年 6 月 10 日第十三届全国人民代表大会常务委员会第二十九次会议通过）

第十三届全国人民代表大会常务委员会第二十九次会议审议了国务院关于提请审议《关于授权上海市人民代表大会及其常务委员会制定浦东新区法规的决定（草案）》的议案。为建立完善与支持浦东大胆试、大胆闯、自主改相适应的法治保障体系，推动浦东新区高水平改革开放，打造社会主义现代化建设引领区，第十三届全国人民代表大会常务委员会第二十九次会议决定：

一、授权上海市人民代表大会及其常务委员会根据浦东改革创新实践需要，遵循宪法规定以及法律和行政法规基本原则，制定浦东新区法规，在浦东新区实施。

二、根据本决定制定的浦东新区法规，应当依照《中华人民共和国立法法》的有关规定分别报全国人民代表大会常务委员会和国务院备案。浦东新区法规报送备案时，应当说明对法律、行政法规、部门规章作出变通规定的情况。

三、本决定自公布之日起施行。

行政法规

生猪屠宰管理条例

（1997年12月19日中华人民共和国国务院令第238号公布　2008年5月25日中华人民共和国国务院令第525号第一次修订　根据2011年1月8日《国务院关于废止和修改部分行政法规的决定》第二次修订　根据2016年2月6日《国务院关于修改部分行政法规的决定》第三次修订　2021年6月25日中华人民共和国国务院令第742号第四次修订通过）

第一章　总　　则

第一条　为了加强生猪屠宰管理，保证生猪产品质量安全，保障人民身体健康，制定本条例。

第二条　国家实行生猪定点屠宰、集中检疫制度。

除农村地区个人自宰自食的不实行定点屠宰外，任何单位和个人未经定点不得从事生猪屠宰活动。

在边远和交通不便的农村地区，可以设置仅限于向本地市场供应生猪产品的小型生猪屠宰场点，具体管理办法由省、自治区、直辖市制定。

第三条　国务院农业农村主管部门负责全国生猪屠宰的行业管理工作。县级以上地方人民政府农业农村主管部门负责本行政区域内生猪屠宰活动的监督管理。

县级以上人民政府有关部门在各自职责范围内负责生猪屠宰

活动的相关管理工作。

第四条 县级以上地方人民政府应当加强对生猪屠宰监督管理工作的领导,及时协调、解决生猪屠宰监督管理工作中的重大问题。

乡镇人民政府、街道办事处应当加强生猪定点屠宰的宣传教育,协助做好生猪屠宰监督管理工作。

第五条 国家鼓励生猪养殖、屠宰、加工、配送、销售一体化发展,推行标准化屠宰,支持建设冷链流通和配送体系。

第六条 国家根据生猪定点屠宰厂(场)的规模、生产和技术条件以及质量安全管理状况,推行生猪定点屠宰厂(场)分级管理制度,鼓励、引导、扶持生猪定点屠宰厂(场)改善生产和技术条件,加强质量安全管理,提高生猪产品质量安全水平。生猪定点屠宰厂(场)分级管理的具体办法由国务院农业农村主管部门制定。

第七条 县级以上人民政府农业农村主管部门应当建立生猪定点屠宰厂(场)信用档案,记录日常监督检查结果、违法行为查处等情况,并依法向社会公示。

第二章 生猪定点屠宰

第八条 省、自治区、直辖市人民政府农业农村主管部门会同生态环境主管部门以及其他有关部门,按照科学布局、集中屠宰、有利流通、方便群众的原则,结合生猪养殖、动物疫病防控和生猪产品消费实际情况制订生猪屠宰行业发展规划,报本级人民政府批准后实施。

生猪屠宰行业发展规划应当包括发展目标、屠宰厂(场)设置、政策措施等内容。

第九条 生猪定点屠宰厂(场)由设区的市级人民政府根据生猪屠宰行业发展规划,组织农业农村、生态环境主管部门以及其他有关部门,依照本条例规定的条件进行审查,经征求省、自治区、直辖市人民政府农业农村主管部门的意见确定，并颁发生猪定点屠宰证书和生猪定点屠宰标志牌。

生猪定点屠宰证书应当载明屠宰厂（场）名称、生产地址和法定代表人（负责人）等事项。

生猪定点屠宰厂（场）变更生产地址的，应当依照本条例的规定，重新申请生猪定点屠宰证书；变更屠宰厂（场）名称、法定代表人（负责人）的，应当在市场监督管理部门办理变更登记手续后15个工作日内，向原发证机关办理变更生猪定点屠宰证书。

设区的市级人民政府应当将其确定的生猪定点屠宰厂（场）名单及时向社会公布，并报省、自治区、直辖市人民政府备案。

第十条 生猪定点屠宰厂（场）应当将生猪定点屠宰标志牌悬挂于厂（场）区的显著位置。

生猪定点屠宰证书和生猪定点屠宰标志牌不得出借、转让。任何单位和个人不得冒用或者使用伪造的生猪定点屠宰证书和生猪定点屠宰标志牌。

第十一条 生猪定点屠宰厂（场）应当具备下列条件：

（一）有与屠宰规模相适应、水质符合国家规定标准的水源条件；

（二）有符合国家规定要求的待宰间、屠宰间、急宰间、检验室以及生猪屠宰设备和运载工具；

（三）有依法取得健康证明的屠宰技术人员；

（四）有经考核合格的兽医卫生检验人员；

（五）有符合国家规定要求的检验设备、消毒设施以及符合环境保护要求的污染防治设施；

（六）有病害生猪及生猪产品无害化处理设施或者无害化处理委托协议；

（七）依法取得动物防疫条件合格证。

第十二条 生猪定点屠宰厂（场）屠宰的生猪，应当依法经动物卫生监督机构检疫合格，并附有检疫证明。

第十三条　生猪定点屠宰厂（场）应当建立生猪进厂（场）查验登记制度。

生猪定点屠宰厂（场）应当依法查验检疫证明等文件，利用信息化手段核实相关信息，如实记录屠宰生猪的来源、数量、检疫证明号和供货者名称、地址、联系方式等内容，并保存相关凭证。发现伪造、变造检疫证明的，应当及时报告农业农村主管部门。发生动物疫情时，还应当查验、记录运输车辆基本情况。记录、凭证保存期限不得少于2年。

生猪定点屠宰厂（场）接受委托屠宰的，应当与委托人签订委托屠宰协议，明确生猪产品质量安全责任。委托屠宰协议自协议期满后保存期限不得少于2年。

第十四条　生猪定点屠宰厂（场）屠宰生猪，应当遵守国家规定的操作规程、技术要求和生猪屠宰质量管理规范，并严格执行消毒技术规范。发生动物疫情时，应当按照国务院农业农村主管部门的规定，开展动物疫病检测，做好动物疫情排查和报告。

第十五条　生猪定点屠宰厂（场）应当建立严格的肉品品质检验管理制度。肉品品质检验应当遵守生猪屠宰肉品品质检验规程，与生猪屠宰同步进行，并如实记录检验结果。检验结果记录保存期限不得少于2年。

经肉品品质检验合格的生猪产品，生猪定点屠宰厂（场）应当加盖肉品品质检验合格验讫印章，附具肉品品质检验合格证。未经肉品品质检验或者经肉品品质检验不合格的生猪产品，不得出厂（场）。经检验不合格的生猪产品，应当在兽医卫生检验人员的监督下，按照国家有关规定处理，并如实记录处理情况；处理情况记录保存期限不得少于2年。

生猪屠宰肉品品质检验规程由国务院农业农村主管部门制定。

第十六条　生猪屠宰的检疫及其监督，依照动物防疫法和国务院的有关规定执行。县级以上地方人民政府按照本级政府职责，将生猪、生猪产品的检疫和监督管理所需经费纳入本级预算。

县级以上地方人民政府农业农村主管部门应当按照规定足额配备农业农村主管部门任命的兽医，由其监督生猪定点屠宰厂（场）依法查验检疫证明等文件。

农业农村主管部门任命的兽医对屠宰的生猪实施检疫。检疫合格的，出具检疫证明、加施检疫标志，并在检疫证明、检疫标志上签字或者盖章，对检疫结论负责。未经检疫或者经检疫不合格的生猪产品，不得出厂（场）。经检疫不合格的生猪及生猪产品，应当在农业农村主管部门的监督下，按照国家有关规定处理。

第十七条 生猪定点屠宰厂（场）应当建立生猪产品出厂（场）记录制度，如实记录出厂（场）生猪产品的名称、规格、数量、检疫证明号、肉品品质检验合格证号、屠宰日期、出厂（场）日期以及购货者名称、地址、联系方式等内容，并保存相关凭证。记录、凭证保存期限不得少于2年。

第十八条 生猪定点屠宰厂（场）对其生产的生猪产品质量安全负责，发现其生产的生猪产品不符合食品安全标准、有证据证明可能危害人体健康、染疫或者疑似染疫的，应当立即停止屠宰，报告农业农村主管部门，通知销售者或者委托人，召回已经销售的生猪产品，并记录通知和召回情况。

生猪定点屠宰厂（场）应当对召回的生猪产品采取无害化处理等措施，防止其再次流入市场。

第十九条 生猪定点屠宰厂（场）对病害生猪及生猪产品进行无害化处理的费用和损失，由地方各级人民政府结合本地实际予以适当补贴。

第二十条 严禁生猪定点屠宰厂（场）以及其他任何单位和个人对生猪、生猪产品注水或者注入其他物质。

严禁生猪定点屠宰厂（场）屠宰注水或者注入其他物质的生猪。

第二十一条 生猪定点屠宰厂（场）对未能及时出厂（场）的生

猪产品，应当采取冷冻或者冷藏等必要措施予以储存。

第二十二条 严禁任何单位和个人为未经定点违法从事生猪屠宰活动的单位和个人提供生猪屠宰场所或者生猪产品储存设施，严禁为对生猪、生猪产品注水或者注入其他物质的单位和个人提供场所。

第二十三条 从事生猪产品销售、肉食品生产加工的单位和个人以及餐饮服务经营者、集中用餐单位生产经营的生猪产品，必须是生猪定点屠宰厂（场）经检疫和肉品品质检验合格的生猪产品。

第二十四条 地方人民政府及其有关部门不得限制外地生猪定点屠宰厂（场）经检疫和肉品品质检验合格的生猪产品进入本地市场。

第三章 监督管理

第二十五条 国家实行生猪屠宰质量安全风险监测制度。国务院农业农村主管部门负责组织制定国家生猪屠宰质量安全风险监测计划，对生猪屠宰环节的风险因素进行监测。

省、自治区、直辖市人民政府农业农村主管部门根据国家生猪屠宰质量安全风险监测计划，结合本行政区域实际情况，制定本行政区域生猪屠宰质量安全风险监测方案并组织实施，同时报国务院农业农村主管部门备案。

第二十六条 县级以上地方人民政府农业农村主管部门应当根据生猪屠宰质量安全风险监测结果和国务院农业农村主管部门的规定，加强对生猪定点屠宰厂（场）质量安全管理状况的监督检查。

第二十七条 农业农村主管部门应当依照本条例的规定严格履行职责，加强对生猪屠宰活动的日常监督检查，建立健全随机抽查机制。

农业农村主管部门依法进行监督检查,可以采取下列措施:

(一)进入生猪屠宰等有关场所实施现场检查;

(二)向有关单位和个人了解情况;

(三)查阅、复制有关记录、票据以及其他资料;

(四)查封与违法生猪屠宰活动有关的场所、设施,扣押与违法生猪屠宰活动有关的生猪、生猪产品以及屠宰工具和设备。

农业农村主管部门进行监督检查时,监督检查人员不得少于2人,并应当出示执法证件。

对农业农村主管部门依法进行的监督检查,有关单位和个人应当予以配合,不得拒绝、阻挠。

第二十八条 农业农村主管部门应当建立举报制度,公布举报电话、信箱或者电子邮箱,受理对违反本条例规定行为的举报,并及时依法处理。

第二十九条 农业农村主管部门发现生猪屠宰涉嫌犯罪的,应当按照有关规定及时将案件移送同级公安机关。

公安机关在生猪屠宰相关犯罪案件侦查过程中认为没有犯罪事实或者犯罪事实显著轻微,不需要追究刑事责任的,应当及时将案件移送同级农业农村主管部门。公安机关在侦查过程中,需要农业农村主管部门给予检验、认定等协助的,农业农村主管部门应当给予协助。

第四章 法律责任

第三十条 农业农村主管部门在监督检查中发现生猪定点屠宰厂(场)不再具备本条例规定条件的,应当责令停业整顿,并限期整改;逾期仍达不到本条例规定条件的,由设区的市级人民政府吊销生猪定点屠宰证书,收回生猪定点屠宰标志牌。

第三十一条 违反本条例规定,未经定点从事生猪屠宰活动的,由农业农村主管部门责令关闭,没收生猪、生猪产品、屠宰工具和设备以及违法所得；货值金额不足1万元的，并处5万元以上10万元以下的罚款；货值金额1万元以上的，并处货值金额10倍以上20倍以下的罚款。

冒用或者使用伪造的生猪定点屠宰证书或者生猪定点屠宰标志牌的，依照前款的规定处罚。

生猪定点屠宰厂(场)出借、转让生猪定点屠宰证书或者生猪定点屠宰标志牌的，由设区的市级人民政府吊销生猪定点屠宰证书，收回生猪定点屠宰标志牌；有违法所得的，由农业农村主管部门没收违法所得，并处5万元以上10万元以下的罚款。

第三十二条 违反本条例规定，生猪定点屠宰厂(场)有下列情形之一的，由农业农村主管部门责令改正，给予警告；拒不改正的，责令停业整顿，处5000元以上5万元以下的罚款，对其直接负责的主管人员和其他直接责任人员处2万元以上5万元以下的罚款；情节严重的，由设区的市级人民政府吊销生猪定点屠宰证书，收回生猪定点屠宰标志牌：

(一)未按照规定建立并遵守生猪进厂(场)查验登记制度、生猪产品出厂(场)记录制度的；

(二)未按照规定签订、保存委托屠宰协议的；

(三)屠宰生猪不遵守国家规定的操作规程、技术要求和生猪屠宰质量管理规范以及消毒技术规范的；

(四)未按照规定建立并遵守肉品品质检验制度的；

(五)对经肉品品质检验不合格的生猪产品未按照国家有关规定处理并如实记录处理情况的。

发生动物疫情时，生猪定点屠宰厂(场)未按照规定开展动物疫病检测的，由农业农村主管部门责令停业整顿，并处5000元以上5万元以下的罚款，对其直接负责的主管人员和其他直接责任人员处2万元以上5万元以下的罚款；情节严重的，由设区的市级人民政府吊销生猪定点屠宰证书，收回生猪定点屠宰标志牌。

第三十三条 违反本条例规定，生猪定点屠宰厂(场)出厂

(场)未经肉品品质检验或者经肉品品质检验不合格的生猪产品的,由农业农村主管部门责令停业整顿,没收生猪产品和违法所得;货值金额不足1万元的,并处10万元以上15万元以下的罚款;货值金额1万元以上的,并处货值金额15倍以上30倍以下的罚款;对其直接负责的主管人员和其他直接责任人员处5万元以上10万元以下的罚款;情节严重的,由设区的市级人民政府吊销生猪定点屠宰证书,收回生猪定点屠宰标志牌,并可以由公安机关依照《中华人民共和国食品安全法》的规定,对其直接负责的主管人员和其他直接责任人员处5日以上15日以下拘留。

第三十四条 生猪定点屠宰厂(场)依照本条例规定应当召回生猪产品而不召回的,由农业农村主管部门责令召回,停止屠宰;拒不召回或者拒不停止屠宰的,责令停业整顿,没收生猪产品和违法所得;货值金额不足1万元的,并处5万元以上10万元以下的罚款;货值金额1万元以上的,并处货值金额10倍以上20倍以下的罚款;对其直接负责的主管人员和其他直接责任人员处5万元以上10万元以下的罚款;情节严重的,由设区的市级人民政府吊销生猪定点屠宰证书,收回生猪定点屠宰标志牌。

委托人拒不执行召回规定的,依照前款规定处罚。

第三十五条 违反本条例规定,生猪定点屠宰厂(场)、其他单位和个人对生猪、生猪产品注水或者注入其他物质的,由农业农村主管部门没收注水或者注入其他物质的生猪、生猪产品、注水工具和设备以及违法所得;货值金额不足1万元的,并处5万元以上10万元以下的罚款;货值金额1万元以上的,并处货值金额10倍以上20倍以下的罚款;对生猪定点屠宰厂(场)或者其他单位的直接负责的主管人员和其他直接责任人员处5万元以上10万元以下的罚款。注入其他物质的,还可以由公安机关依照《中华人民共和国食品安全法》的规定,对其直接负责的主管人员和其他直接责任人员处5日以上15日以下拘留。

生猪定点屠宰厂(场)对生猪、生猪产品注水或者注入其他物质的，除依照前款规定处罚外，还应当由农业农村主管部门责令停业整顿；情节严重的，由设区的市级人民政府吊销生猪定点屠宰证书，收回生猪定点屠宰标志牌。

第三十六条 违反本条例规定，生猪定点屠宰厂（场）屠宰注水或者注入其他物质的生猪的，由农业农村主管部门责令停业整顿，没收注水或者注入其他物质的生猪、生猪产品和违法所得；货值金额不足1万元的，并处5万元以上10万元以下的罚款；货值金额1万元以上的，并处货值金额10倍以上20倍以下的罚款；对其直接负责的主管人员和其他直接责任人员处5万元以上10万元以下的罚款；情节严重的，由设区的市级人民政府吊销生猪定点屠宰证书，收回生猪定点屠宰标志牌。

第三十七条 违反本条例规定，为未经定点违法从事生猪屠宰活动的单位和个人提供生猪屠宰场所或者生猪产品储存设施，或者为对生猪、生猪产品注水或者注入其他物质的单位和个人提供场所的，由农业农村主管部门责令改正，没收违法所得，并处5万元以上10万以下的罚款。

第三十八条 违反本条例规定，生猪定点屠宰厂（场）被吊销生猪定点屠宰证书的，其法定代表人（负责人）、直接负责的主管人员和其他直接责任人员自处罚决定作出之日起5年内不得申请生猪定点屠宰证书或者从事生猪屠宰管理活动；因食品安全犯罪被判处有期徒刑以上刑罚的，终身不得从事生猪屠宰管理活动。

第三十九条 农业农村主管部门和其他有关部门的工作人员在生猪屠宰监督管理工作中滥用职权、玩忽职守、徇私舞弊，尚不构成犯罪的，依法给予处分。

第四十条 本条例规定的货值金额按照同类检疫合格及肉品品质检验合格的生猪、生猪产品的市场价格计算。

第四十一条 违反本条例规定，构成犯罪的，依法追究刑事责任。

第五章　附　　则

第四十二条　省、自治区、直辖市人民政府确定实行定点屠宰的其他动物的屠宰管理办法，由省、自治区、直辖市根据本地区的实际情况，参照本条例制定。

第四十三条　本条例所称生猪产品，是指生猪屠宰后未经加工的胴体、肉、脂、脏器、血液、骨、头、蹄、皮。

第四十四条　生猪定点屠宰证书、生猪定点屠宰标志牌以及肉品品质检验合格验讫印章和肉品品质检验合格证的式样，由国务院农业农村主管部门统一规定。

第四十五条　本条例自2021年8月1日起施行。

国务院文件

国务院办公厅关于印发深化医药卫生体制改革2021年重点工作任务的通知

（2021年5月24日　国办发〔2021〕20号）

《深化医药卫生体制改革2021年重点工作任务》已经国务院同意，现印发给你们，请结合实际，认真组织实施。

深化医药卫生体制改革2021年重点工作任务

新一轮医药卫生体制改革实施以来，我国基本医疗卫生制度加快健全，人民健康状况和基本医疗卫生服务的公平性可及性持续改善。2021年是中国共产党成立100周年，也是实施“十四五”规划、开启全面建设社会主义现代化国家新征程的第一年。深化医改要坚持以习近平新时代中国特色社会主义思想为指导，全面贯彻党的十九大和十九届二中、三中、四中、五中全会精神，认真落实党中央、国务院决策部署，深入实施健康中国战略，推广三明市医改经验，强化改革系统联动，促进优质医疗资源均衡布局，统筹疫情防控与公共卫生体系建设，继续着力推动把以治病为中心转变为以人民健康为中心，着力解决看病难、看病贵问题。

一、进一步推广三明市医改经验，加快推进医疗、医保、医药联动改革

（一）大力推广三明市医改经验。在三明市建设全国深化医改经验推广基地，加大经验推广力度。按照“腾空间、调结构、保衔接”的路径，以降药价为突破口，同步推进医疗服务价格、薪酬、医保支付等综合改革。完善服务体系和体制机制，促进优质医疗资源均衡布局。加强对推广三明市医改经验的指导。（国务院医改领导小组秘书处、各相关部门按职责分工负责）

（二）推进药品耗材集中采购。常态化制度化开展国家组织药品集中采购，逐步扩大药品和高值医用耗材集中带量采购范围。落实国家组织药品耗材集中采购医保资金结余留用政策，指导医疗机构利用好增加的可支配收入，积极推进薪酬制度改革。加大力度推进国家医保谈判药品落地使用，2021 年 8 月底前进一步完善相关政策措施。建立实施医药价格和招采信用评价制度。推进统一的医保药品、医用耗材分类与编码标准。推进医疗器械唯一标识在监管、医疗、医保等领域的衔接应用。（国家医保局、国家卫生健康委、财政部、人力资源社会保障部、国家药监局等按职责分工负责）

（三）深化医疗服务价格改革。指导地方建立健全灵敏有度的价格动态调整机制，定期开展调价评估，提高体现技术劳务价值的医疗服务价格，对进展滞后的地区加大指导督促力度。加快审核新增医疗服务价格项目。指导地方依法依规改革优化政府制定医疗服务价格的行为规则和相关成本监审听证目录，允许定价部门采取简明易行的方式开展成本调查和听取意见。推进深化医疗服务价格改革试点，2021 年 9 月底前印发政策文件。（国家医保局、国家发展改革委、国家卫生健康委、国家中医药局等按职责分工负责）

（四）深化人事薪酬制度改革。落实“两个允许”要求，合理确定、动态调整公立医院薪酬水平。加强对地方的督促指导，推动落

实政府办医责任和公立医院投入政策。拓宽公立医院薪酬制度改革的经费渠道。允许医院自主设立薪酬项目,鼓励对主要负责人实行年薪制。改革完善医务人员职称评价机制,突出实践能力业绩导向,鼓励卫生专业技术人员扎根防病治病一线。(教育部、财政部、人力资源社会保障部、国家卫生健康委、国家中医药局等按职责分工负责)

(五)推进医保支付方式改革。推进按疾病诊断相关分组付费、按病种分值付费试点,促进精细管理,适时总结经验并向全国推广。完善基层机构医保政策,引导恢复期和康复期患者到基层就诊。(国家医保局、财政部、国家卫生健康委、国家中医药局等按职责分工负责)

(六)推动公立医院高质量发展。坚持和加强党对公立医院的全面领导,全面落实党委领导下的院长负责制。深入实施公立医院绩效考核,健全以公益性为导向的考核指标和方式方法,考核结果及时以适当方式向社会公布,并与公立医院新增薪酬总量挂钩。开展公立医院高质量发展试点。深入推进公立医院综合改革示范和建立健全现代医院管理制度试点。(国家卫生健康委、国务院国资委、中央编办、国家发展改革委、教育部、财政部、人力资源社会保障部、国家医保局、国家中医药局等按职责分工负责)

二、促进优质医疗资源均衡布局,完善分级诊疗体系

(七)推动优质医疗资源扩容和均衡布局。启动国家医学中心和第二批区域医疗中心试点建设项目,统筹谋划推进“十四五”时期区域医疗中心建设,完善合作方式和引导机制,推动试点医院与输出医院同质化发展。针对省、市、县诊疗需求,规划推进“十四五”时期临床专科能力建设,加快补齐服务短板。加大公立医疗卫生机构建设力度。积极支持社会办医发展。优化支持国有企业办医疗机构发展,2021 年 10 月底前制定相关政策文件。(国家发展改革委、国家卫生健康委、国务院国资委、国家中医药局等按职责分工负责)

（八）推进医疗联合体建设。推进县域医共体和城市医疗集团试点，强化网格化建设布局和规范化管理。完善县域医共体引导政策，提高县域疾病防治水平。推进对紧密型医疗联合体实行总额付费，加强监督考核，结余留用、合理超支分担，引导医疗联合体更加注重疾病预防、提升基层服务能力和推动基层首诊、双向转诊。社会办医疗机构可牵头组建或参加县域医共体和城市医疗集团。推进专科联盟和远程医疗协作网发展。（国家卫生健康委、国家医保局、国家发展改革委、国家中医药局等按职责分工负责）

（九）加快推进分级诊疗体系建设。加强"十四五"时期统筹谋划，加大支持引导力度，推动省、市、县、乡、村等各级各类医疗机构落实功能定位，均衡发挥作用。制定加快分级诊疗体系建设的政策文件。开展优质高效的整合型医疗卫生服务体系试点。持续推进县级医院（含中医医院）服务和管理能力建设。改善基层基础设施条件，发展社区医院。推动采取灵活的家庭医生签约服务周期。落实乡村医生待遇。实施基层中医药服务能力提升工程"十四五"行动计划。（国家卫生健康委、国家发展改革委、教育部、人力资源社会保障部、国家医保局、国家中医药局等按职责分工负责）

（十）完善全民医保制度。加快推进健全重特大疾病医疗保险和救助制度。建立健全职工医保门诊共济保障机制。鼓励有条件的省份按照分级管理、责任共担、统筹调剂、预算考核的思路，推动基本医保省级统筹。完善异地就医结算管理和服务，基本实现普通门诊费用跨省直接结算统筹地区全覆盖，探索高血压、糖尿病等门诊慢特病跨省直接结算。指导地方做好跨统筹地区医保关系转移接续工作。完善医保定点医疗机构和定点零售药店协议管理，积极推进"掌上办"、"网上办"等便民服务。（国家医保局、财政部、国家卫生健康委、国家中医药局等按职责分工负责）

（十一）推动中医药振兴发展。实施中医药振兴发展重大工程。支持打造一批国家中医药传承创新中心、中西医协同"旗舰"医院、中医特色重点医院、国家中医疫病防治基地，实施名医堂工程，提升县级中医医院传染病防治能力。推进中医医院牵头组建医疗联合体。完善符合中医药特点的医保支付政策，发布中医优势病种。推进国家中医药综合改革示范区建设。2021年9月底前，制定实施促进中医治未病健康工程升级的意见。（国家中医药局、国家发展改革委、国家卫生健康委、国家医保局等按职责分工负责）

三、坚持预防为主，加强公共卫生体系建设

（十二）加强新冠肺炎疫情防控。坚持常态化防控和局部应急处置有机结合，毫不放松做好外防输入、内防反弹各项工作。加快推进新冠病毒疫苗接种，提升接种能力，保障疫苗批签发质量和效率，提升企业有效供给能力。推动完善公共卫生重大风险评估、研判、决策机制，强化基层公共卫生体系。健全公共卫生应急处置和物资保障体系。（国家卫生健康委、国家疾病预防控制局〔以下简称国家疾控局〕、外交部、国家发展改革委、工业和信息化部、财政部、海关总署、国家医保局、国家移民局、中国民航局、国家药监局等按职责分工负责）

（十三）深化疾病预防控制体系改革。提升早期监测预警、风险评估研判、现场流行病学调查、检验检测、应急处置等能力。建立稳定的公共卫生事业投入机制，创新科研和社会化服务机制。加强国家级公共卫生机构人才队伍和实验室建设，提升重大公共卫生应急和防控能力。建立健全重大疫情救治体系。健全公共卫生医师制度，完善人才评价，主要评价岗位职责履行情况。（国家卫生健康委、国家疾控局、国家发展改革委、教育部、科技部、财政部、人力资源社会保障部、海关总署、国家中医药局等按职责分工负责）

（十四）持续推进健康中国行动。建立全媒体健康科普知识发布和传播机制。强化市场监管，坚决依法打击非法兜售保健品、坑蒙拐骗等行为。推进基本公共卫生服务均等化。加强精神卫生和心理健康服务。扩大高发癌症筛查覆盖范围，启动县级癌症筛查和早诊早治中心建设试点。推进儿童青少年近视防控和超重肥胖防控。加强艾滋病、地方病、职业病等重大疾病防治。推动老年健康服务体系建设，增加医养结合服务供给。深入开展爱国卫生运动。推进村（居）民委员会公共卫生委员会建设。（国家卫生健康委、国家疾控局、中央宣传部、中央网信办、教育部、民政部、市场监管总局、体育总局、国家中医药局等按职责分工负责）

（十五）创新医防协同机制。强化疾病预防控制中心技术指导、人员培训、督导评价等职能，督促各级医疗机构落实疾病预防控制职责。推进高血压、高血糖、高血脂“三高”共管试点，推动疾控机构与医疗机构在慢性病综合防治方面业务融合。强化县级医院公共卫生服务职能。完善妇幼保健机构内部管理，提供防治结合的医疗保健服务。依托现有医疗卫生机构，提升省级、地市级职业病预防控制、诊断治疗、康复能力。加强毕业后教育和继续教育，大力培养医防融合人才。（国家卫生健康委、国家疾控局、国家发展改革委、教育部、财政部、国家中医药局等按职责分工负责）

四、统筹推进相关重点改革，形成工作合力

（十六）推进全民健康信息化建设。制定全国医疗卫生机构医疗健康信息互通共享实施方案，破除信息壁垒，促进数据共享互认。加强智慧医院建设，推动人工智能、第五代移动通信（5G）等新技术应用。规范互联网诊疗服务，严格实行监管，完善药品网络销售监管工作机制。指导医疗机构合理保留传统服务方式，着力解决老年人等群体运用智能技术困难的问题。（工业和信息化部、国家卫生健康委、国家医保局、国家中医药局、国家疾控局、国家药监局等按职责分工负责）

（十七）改善群众服务体验。深入推进“互联网＋医疗健康”、“五个一”服务行动。推广多学科诊疗、日间手术等服务模式，优化预约诊疗。推动医疗机构优化线上线下支付流程，改善结算模式。推进先诊疗后结算或一站式缴费改革试点。明确医疗机构检查结果互认具体办法。加强胸痛、卒中、危重孕产妇、新生儿和儿童、创

伤等重大急性病救治中心建设。（国家卫生健康委、国家发展改革委、国家中医药局、中央军委后勤保障部卫生局等按职责分工负责）

（十八）加强医学人才培养和使用。加强全科医生等紧缺人才培养。实施医学专业高校毕业生免试申请乡村医生执业注册政策。面向社会招收的普通高校应届毕业生经住院医师规范化培训合格后当年在医疗卫生机构就业的，在招聘、派遣、落户等方面按应届毕业生同等对待；对经住院医师规范化培训合格的本科学历临床医师，在招聘、职称晋升、岗位聘用、薪酬待遇等方面与临床医学、口腔医学、中医专业学位硕士研究生同等对待。加强农村订单定向医学生就业安置和履约管理，将定向生违约情况纳入信用信息管理。加强校医队伍建设。（教育部、人力资源社会保障部、国家卫生健康委、国家中医药局等按职责分工负责）

（十九）增强药品供应保障能力。持续推进药品优先审评审批，加快创新药、临床急需药品上市。完善短缺药品保供稳价机制。加强儿童用药供应保障。研究修订国家基本药物目录管理办法，优化目录遴选调整程序，适时启动目录调整工作。加强基本药物配备使用和用药规范管理，促进医疗联合体内部用药衔接。制定医疗机构药事管理办法。（工业和信息化部、国家卫生健康委、国家药监局等按职责分工负责）

（二十）严格监督管理。完善医疗卫生行业综合监管督察机制。大力推行医疗卫生行业“互联网+监管”，加快完善“双随机、一公开”监督抽查、飞行检查等精准监管机制，强化监管结果公开和责任追究。深化医保基金监管制度体系改革，推进医保智能监控示范点建设。制定原料药领域的反垄断指南。（国家卫生健康委、国家疾控局、市场监管总局、国家医保局、国家中医药局等按职责分工负责）

各地各有关部门要切实加强组织领导，勇于担当作为，敢于触碰利益，大力推广三明市医改经验，持续深化医改。国务院医改领导小组秘书处要加强统筹谋划和跟踪监测，建立任务台账并按季度通报。要加强宣传引导，及时回应社会关切，凝聚改革共识。

国务院关于印发全民科学素质行动规划纲要（2021—2035年）的通知

（2021年6月3日　国发〔2021〕9号）

现将《全民科学素质行动规划纲要（2021—2035年）》印发给你们，请结合本地区、本部门实际，认真贯彻实施。

全民科学素质行动规划纲要（2021—2035年）

为贯彻落实党中央、国务院关于科普和科学素质建设的重要部署，依据《中华人民共和国科学技术进步法》、《中华人民共和国科学技术普及法》（以下简称科普法），落实国家有关科技战略规划，特制定《全民科学素质行动规划纲要（2021—2035年）》（以下简称《科学素质纲要》）。

一、前言

习近平总书记指出："科技创新、科学普及是实现创新发展的两翼，要把科学普及放在与科技创新同等重要的位置。没有全民科学素质普遍提高，就难以建立起宏大的高素质创新大军，难以实现科技成果快速转化。"这一重要指示精神是新发展阶段科普和科学素质建设高质量发展的根本遵循。

科学素质是国民素质的重要组成部分，是社会文明进步的基础。公民具备科学素质是指崇尚科学精神，树立科学思想，掌握基本科学方法，了解必要科技知识，并具有应用其分析判断事物和解决实际问题的能力。提升科学素质，对于公民树立科学的世界观和方法论，对于增强国家自主创新能力和文化软实力、建设社会主义现代化强国，具有十分重要的意义。

自《全民科学素质行动计划纲要（2006—2010—2020 年）》印发实施，特别是党的十八大以来，在以习近平同志为核心的党中央坚强领导下，在国务院统筹部署下，各地区各部门不懈努力，全民科学素质行动取得显著成效，各项目标任务如期实现。公民科学素质水平大幅提升，2020 年具备科学素质的比例达到 10.56%；科学教育与培训体系持续完善，科学教育纳入基础教育各阶段；大众传媒科技传播能力大幅提高，科普信息化水平显著提升；科普基础设施迅速发展，现代科技馆体系初步建成；科普人才队伍不断壮大；科学素质国际交流实现新突破；建立以科普法为核心的政策法规体系；构建国家、省、市、县四级组织实施体系，探索出“党的领导、政府推动、全民参与、社会协同、开放合作”的建设模式，为创新发展营造了良好社会氛围，为确保如期打赢脱贫攻坚战、确保如期全面建成小康社会作出了积极贡献。

我国科学素质建设取得了显著成绩，但也存在一些问题和不足。主要表现在：科学素质总体水平偏低，城乡、区域发展不平衡；科学精神弘扬不够，科学理性的社会氛围不够浓厚；科普有效供给不足、基层基础薄弱；落实“科学普及与科技创新同等重要”的制度安排尚未形成，组织领导、条件保障等有待加强。

当前和今后一个时期，我国发展仍然处于重要战略机遇期，但机遇和挑战都有新的发展变化。当今世界正经历百年未有之大变局，新一轮科技革命和产业变革深入发展，人类命运共同体理念深入人心，同时国际环境日趋复杂，不稳定性不确定性明显增加，新冠肺炎疫情影响广泛深远，世界进入动荡变革期。我国已转向高质量发展阶段，正在加快构建以国内大循环为主体、国内国际双循环相互促进的新发展格局。科技与经济、政治、文化、社会、生态文明深入协同，科技创新正在释放巨大能量，深刻改变生产生活方式乃至思维模式。人才是第一资源、创新是第一动力的重要作用日益凸显，国民素质全面提升已经成为经济社会发展的先决条件。科学素质建设站在了新的历史起点，开启了跻身创新型国家前列的新征程。

面向世界科技强国和社会主义现代化强国建设，需要科学素质建设担当更加重要的使命。一是围绕在更高水平上满足人民对美好生活的新需求，需要科学素质建设彰显价值引领作用，提高公众终身学习能力，不断丰富人民精神家园，服务人的全面发展。二是围绕构建新发展格局，需要科学素质建设在服务经济社会发展中发挥重要作用，以高素质创新大军支撑高质量发展。三是围绕加强和创新社会治理，需要科学素质建设更好促进人的现代化，营造科学理性、文明和谐的社会氛围，服务国家治理体系和治理能力现代化。四是围绕形成对外开放新格局，需要科学素质建设更好发挥桥梁和纽带作用，深化科技人文交流，增进文明互鉴，服务构建人类命运共同体。

二、指导思想、原则和目标

（一）指导思想。

以习近平新时代中国特色社会主义思想为指导，深入贯彻党的十九大和十九届二中、三中、四中、五中全会精神，坚持党的全面领导，坚持以人民为中心，坚持新发展理念，统筹推进“五位一体”总体布局，协调推进“四个全面”战略布局，全面贯彻落实习近平总书记关于科普和科学素质建设的重要论述，以提高全民科学素质服务高质量发展为目标，以践行社会主义核心价值观、弘扬科学精神为主线，以深化科普供给侧改革为重点，着力打造社会化协同、智慧化传播、规范化建设和国际化合作的科学素质建设生态，营造热爱科学、崇尚创新的社会氛围，提升社会文明程度，为全面建设社会主义现代化强国提供基础支撑，为推动构建人类命运共同体作出积极贡献。

（二）原则。

——突出科学精神引领。践行社会主义核心价值观，弘扬科学精神和科学家精神，传递科学的思想观念和行为方式，加强理性质疑、勇于创新、求真务实、包容失败的创新文化建设，坚定创新自信，形成崇尚创新的社会氛围。

——坚持协同推进。各级政府强化组织领导、政策支持、投入保障，激发高校、科研院所、企业、基层组织、科学共同体、社会团体等多元主体活力，激发全民参与积极性，构建政府、社会、市场等协同推进的社会化科普大格局。

——深化供给侧改革。破除制约科普高质量发展的体制机制障碍，突出价值导向，创新组织动员机制，强化政策法规保障，推动科普内容、形式和手段等创新提升，提高科普的知识含量，满足全社会对高质量科普的需求。

——扩大开放合作。开展更大范围、更高水平、更加紧密的科学素质国际交流，共筑对话平台，增进开放互信，深化创新合作，推动经验互鉴和资源共享，共同应对全球性挑战，推进全球可持续发展和人类命运共同体建设。

（三）目标。

2025 年目标：我国公民具备科学素质的比例超过 15%，各地区、各人群科学素质发展不均衡明显改善。科普供给侧改革成效显著，科学素质标准和评估体系不断完善，科学素质建设国际合作取得新进展，“科学普及与科技创新同等重要”的制度安排基本形成，科学精神在全社会广泛弘扬，崇尚创新的社会氛围日益浓厚，社会文明程度实现新提高。

2035 年远景目标：我国公民具备科学素质的比例达到 25%，城乡、区域科学素质发展差距显著缩小，为进入创新型国家前列奠定坚实社会基础。科普公共服务均等化基本实现，科普服务社会治理的体制机制基本完善，科普参与全球治理的能力显著提高，创新生态建设实现新发展，科学文化软实力显著增强，人的全面发展和社会文明程度达到新高度，为基本实现社会主义现代化提供有力支撑。

三、提升行动

重点围绕践行社会主义核心价值观，大力弘扬科学精神，培育理性思维，养成文明、健康、绿色、环保的科学生活方式，提高劳动、生产、创新创造的技能，在“十四五”时期实施5项提升行动。

（一）青少年科学素质提升行动。

激发青少年好奇心和想象力，增强科学兴趣、创新意识和创新能力，培育一大批具备科学家潜质的青少年群体，为加快建设科技强国夯实人才基础。

——将弘扬科学精神贯穿于育人全链条。坚持立德树人，实施科学家精神进校园行动，将科学精神融入课堂教学和课外实践活动，激励青少年树立投身建设世界科技强国的远大志向，培养学生爱国情怀、社会责任感、创新精神和实践能力。

——提升基础教育阶段科学教育水平。引导变革教学方式，倡导启发式、探究式、开放式教学，保护学生好奇心，激发求知欲和想象力。完善初高中包括科学、数学、物理、化学、生物学、通用技术、信息技术等学科在内的学业水平考试和综合素质评价制度，引导有创新潜质的学生个性化发展。加强农村中小学科学教育基础设施建设和配备，加大科学教育活动和资源向农村倾斜力度。推进信息技术与科学教育深度融合，推行场景式、体验式、沉浸式学习。完善科学教育质量评价和青少年科学素质监测评估。

——推进高等教育阶段科学教育和科普工作。深化高校理科教育教学改革，推进科学基础课程建设，加强科学素质在线开放课程建设。深化高校创新创业教育改革，深入实施国家级大学生创新创业训练计划，支持在校大学生开展创新型实验、创业训练和创业实践项目，大力开展各类科技创新实践活动。

——实施科技创新后备人才培育计划。建立科学、多元的发现和培育机制，对有科学家潜质的青少年进行个性化培养。开展英才计划、少年科学院、青少年科学俱乐部等工作，探索从基础教育到高等教育的科技创新后备人才贯通式培养模式。深入实施基础学科拔尖学生培养计划2.0，完善拔尖创新人才培养体系。

——建立校内外科学教育资源有效衔接机制。实施馆校合作行动，引导中小学充分利用科技馆、博物馆、科普教育基地等科普场所广泛开展各类学习实践活动，组织高校、科研机构、医疗卫生机构、企业等开发开放优质科学教育活动和资源，鼓励科学家、工程师、医疗卫生人员等科技工作者走进校园，开展科学教育和生理卫生、自我保护等安全健康教育活动。广泛开展科技节、科学营、科技小论文（发明、制作）等科学教育活动。加强对家庭科学教育的指导，提高家长科学教育意识和能力。加强学龄前儿童科学启蒙教育。推动学校、社会和家庭协同育人。

——实施教师科学素质提升工程。将科学精神纳入教师培养过程，将科学教育和创新人才培养作为重要内容，加强新科技知识和技能培训。推动高等师范院校和综合性大学开设科学教育本科专业，扩大招生规模。加大对科学、数学、物理、化学、生物学、通用技术、信息技术等学科教师的培训力度。实施乡村教师支持计划。加大科学教师线上培训力度，深入开展"送培到基层"活动，每年培训10万名科技辅导员。

（二）农民科学素质提升行动。

以提升科技文化素质为重点，提高农民文明生活、科学生产、科学经营能力，造就一支适应农业农村现代化发展要求的高素质农民队伍，加快推进乡村全面振兴。

——树立相信科学、和谐理性的思想观念。重点围绕保护生态环境、节约能源资源、绿色生产、防灾减灾、卫生健康、移风易俗等，深入开展科普宣传教育活动。

——实施高素质农民培育计划。面向保障国家粮食安全和重要农副产品有效供给、构建乡村产业体系、发展农村社会事业新需求，依托农广校等平台开展农民教育培训，大力提高农民科技文化素质，服务农业农村现代化。开展农民职业技能鉴定和技能等级认定、农村电商技能人才培训，举办面向农民的技能大赛、农民科学素质网络竞赛、乡土人才创新创业大赛等，开展农民教育培训1000万人次以上，培育农村创业创新带头人100万名以上。实施农村妇女素质提升计划，帮助农村妇女参与农业农村现代化建设。

——实施乡村振兴科技支撑行动。鼓励高校和科研院所开展乡村振兴智力服务，推广科技小院、专家大院、院(校)地共建等农业科技社会化服务模式。深入推行科技特派员制度，支持家庭农场、农民合作社、农业社会化服务组织等新型农业经营主体和服务主体通过建立示范基地、田间学校等方式开展科技示范，引领现代农业发展。引导专业技术学(协)会等社会组织开展农业科技服务，将先进适用的品种、技术、装备、设施导入小农户，实现小农户和现代农业有机衔接。

——提升革命老区、民族地区、边疆地区、脱贫地区农民科技文化素质。引导社会科普资源向欠发达地区农村倾斜。开展兴边富民行动、边境边民科普活动和科普边疆行活动，大力开展科技援疆援藏，提高边远地区农民科技文化素质。提升农村低收入人口职业技能，增强内生发展能力。

(三)产业工人科学素质提升行动。

以提升技能素质为重点，提高产业工人职业技能和创新能力，打造一支有理想守信念、懂技术会创新、敢担当讲奉献的高素质产业工人队伍，更好服务制造强国、质量强国和现代化经济体系建设。

——开展理想信念和职业精神宣传教育。开展"中国梦·劳动美"、最美职工、巾帼建功等活动，大力弘扬劳模精神、劳动精神、工匠精神，营造劳动光荣的社会风尚、精益求精的敬业风气和勇于创新的文化氛围。

——实施技能中国创新行动。开展多层级、多行业、多工种的劳动和技能竞赛，建设劳模和工匠人才创新工作室，统筹利用示范性高技能人才培训基地、国家级技能大师工作室,发现、培养高技能人才。组织开展"五小"等群众性创新活动,推动大众创业、万众创新。

——实施职业技能提升行动。在职前教育和职业培训中进一步突出科学素质、安全生产等相关内容,构建职业教育、就业培训、技能提升相统一的产业工人终身技能形成体系。通过教育培训,提高职工安全健康意识和自我保护能力。深入实施农民工职业技能提升计划、求学圆梦行动等,增加进城务工人员教育培训机会。

——发挥企业家提升产业工人科学素质的示范引领作用。弘扬企业家精神,提高企业家科学素质,引导企业家在爱国、创新、诚信、社会责任和国际视野等方面不断提升,做创新发展的探索者、组织者、引领者和提升产业工人科学素质的推动者。鼓励企业积极培养使用创新型技能人才,在关键岗位、关键工序培养使用高技能人才。发挥学会、协会、研究会作用,引导、支持企业和社会组织开展职业能力水平评价。发挥"科创中国"平台作用,探索建立企业科技创新和产业工人科学素质提升的双促进机制。推动相关互联网企业做好快递员、网约工、互联网营销师等群体科学素质提升工作。

(四)老年人科学素质提升行动。

以提升信息素养和健康素养为重点,提高老年人适应社会发展能力,增强获得感、幸福感、安全感,实现老有所乐、老有所学、老有所为。

——实施智慧助老行动。聚焦老年人运用智能技术、融入智慧社会的需求和困难,依托老年大学(学校、学习点)、老年科技大学、社区科普大学、养老服务机构等,普及智能技术知识和技能,提升老年人信息获取、识别和使用能力,有效预防和应对网络谣言、电信诈骗。

——加强老年人健康科普服务。依托健康教育系统,推动老年人健康科普进社区、进乡村、进机构、进家庭,开展健康大讲堂、老年健康宣传周等活动，利用广播、电视、报刊、网络等各类媒体，普及合理膳食、食品安全、心理健康、体育锻炼、合理用药、应急处置等知识，提高老年人健康素养。充分利用社区老年人日间照料中心、科普园地、党建园地等阵地为老年人提供健康科普服务。

——实施银龄科普行动。积极开发老龄人力资源，大力发展老年协会、老科协等组织，充分发挥老专家在咨询、智库等方面的作用。发展壮大老年志愿者队伍。组建老专家科普报告团，在社区、农村、青少年科普中发挥积极作用。

（五）领导干部和公务员科学素质提升行动。

进一步强化领导干部和公务员对科教兴国、创新驱动发展等战略的认识，提高科学决策能力，树立科学执政理念，增强推进国家治理体系和治理能力现代化的本领，更好服务党和国家事业发展。

——深入贯彻落实新发展理念。切实找准将新发展理念转化为实践的切入点、结合点和着力点，提高领导干部和公务员科学履职水平，强化对科学素质建设重要性和紧迫性的认识。

——加强科学素质教育培训。认真贯彻落实《干部教育培训工作条例》、《公务员培训规定》，加强前沿科技知识和全球科技发展趋势学习，突出科学精神、科学思想培养，增强把握科学发展规律的能力。大力开展面向基层领导干部和公务员，特别是革命老区、民族地区、边疆地区、脱贫地区干部的科学素质培训工作。

——在公务员录用中落实科学素质要求。不断完善干部考核评价机制，在公务员录用考试和任职考察中，强化科学素质有关要求并有效落实。

四、重点工程

深化科普供给侧改革，提高供给效能，着力固根基、扬优势、补短板、强弱项，构建主体多元、手段多样、供给优质、机制有效的全域、全时科学素质建设体系，在“十四五”时期实施5项重点工程。

（一）科技资源科普化工程。

建立完善科技资源科普化机制，不断增强科技创新主体科普责任意识，充分发挥科技设施科普功能，提升科技工作者科普能力。

——建立完善科技资源科普化机制。鼓励国家科技计划（专项、基金等）项目承担单位和人员，结合科研任务加强科普工作。推动在相关科技奖项评定中列入科普工作指标。推动将科普工作实绩作为科技人员职称评聘条件。将科普工作纳入相关科技创新基地考核。开展科技创新主体、科技创新成果科普服务评价，引导企业和社会组织建立有效的科技资源科普化机制，支持中国公众科学素质促进联合体等发展，推动科普事业与科普产业发展，探索“产业+科普”模式。开展科普学分制试点。

——实施科技资源科普化专项行动。支持和指导高校、科研机构、企业、科学共同体等利用科技资源开展科普工作，开发科普资源，加强与传媒、专业科普组织合作，及时普及重大科技成果。建设科学传播专家工作室，分类制定科技资源科普化工作指南。拓展科技基础设施科普功能，鼓励大科学装置（备）开发科普功能，推动国家重点实验室等创新基地面向社会开展多种形式的科普活动。

——强化科技工作者的社会责任。大力弘扬科学家精神，开展老科学家学术成长资料采集工程，依托国家科技传播中心等设施和资源，打造科学家博物馆和科学家精神教育基地，展示科技界优秀典型、生动实践和成就经验，激发全民族创新热情和创造活力。加强科研诚信和科技伦理建设，深入开展科学道德和学风建设宣讲活动，引导广大科技工作者坚守社会责任，自立自强，建功立业，成为践行科学家精神的表率。通过宣传教育、能力培训、榜样示范等增强科技人员科普能力，针对社会热点、焦点问题，主动、及时、准确发声。

（二）科普信息化提升工程。

提升优质科普内容资源创作和传播能力，推动传统媒体与新媒体深度融合，建设即时、泛在、精准的信息化全媒体传播网络，服务数字社会建设。

——实施繁荣科普创作资助计划。支持优秀科普原创作品。支持面向世界科技前沿、面向经济主战场、面向国家重大需求、面向人民生命健康等重大题材开展科普创作。大力开发动漫、短视频、游戏等多种形式科普作品。扶持科普创作人才成长，培养科普创作领军人物。

——实施科幻产业发展扶持计划。搭建高水平科幻创作交流平台和产品开发共享平台，建立科幻电影科学顾问库，为科幻电影提供专业咨询、技术支持等服务。推进科技传播与影视融合，加强科幻影视创作。组建全国科幻科普电影放映联盟。鼓励有条件的地方设立科幻产业发展基金，打造科幻产业集聚区和科幻主题公园等。

——实施全媒体科学传播能力提升计划。推进图书、报刊、音像、电视、广播等传统媒体与新媒体深度融合，鼓励公益广告增加科学传播内容，实现科普内容多渠道全媒体传播。引导主流媒体加大科技宣传力度，增加科普内容、增设科普专栏。大力发展新媒体科学传播。加强媒体从业人员科学传播能力培训。促进媒体与科学共同体的沟通合作，增强科学传播的专业性和权威性。

——实施智慧科普建设工程。推进科普与大数据、云计算、人工智能、区块链等技术深度融合，强化需求感知、用户分层、情景应用理念，推动传播方式、组织动员、运营服务等创新升级，加强“科普中国”建设，充分利用现有平台构建国家级科学传播网络平台和科学辟谣平台。强化科普信息落地应用，与智慧教育、智慧城市、智慧社区等深度融合，推动优质科普资源向革命老区、民族地区、边疆地区、脱贫地区倾斜。

（三）科普基础设施工程。

加强科普基础设施建设，建立政府引导、多渠道投入的机制，实现资源合理配置和服务均衡化、广覆盖。

——加强对科普基础设施建设的统筹规划与宏观指导。制定科普基础设施发展规划，将科普基础设施建设纳入各地国民经济和社会发展规划。完善科普基础设施建设管理的规范和标准，建立健全分级评价制度。完善社会资金投入科普基础设施建设的优惠政策和法规。推行科技馆登记注册制度和年报制度。推进符合条件的科技馆免费开放。

——创新现代科技馆体系。推动科技馆与博物馆、文化馆等融合共享，构建服务科学文化素质提升的现代科技馆体系。加强实体科技馆建设，开展科普展教品创新研发，打造科学家精神教育基地、前沿科技体验基地、公共安全健康教育基地和科学教育资源汇集平台，提升科技馆服务功能。推进数字科技馆建设，统筹流动科技馆、科普大篷车、农村中学科技馆建设，探索多元主体参与的运行机制和模式，提高服务质量和能力。

——大力加强科普基地建设。深化全国科普教育基地创建活动，构建动态管理和长效激励机制。鼓励和支持各行业各部门建立科普教育、研学等基地，提高科普服务能力。推进图书馆、文化馆、博物馆等公共设施开展科普活动，拓展科普服务功能。引导和促进公园、自然保护区、风景名胜区、机场、车站、电影院等公共场所强化科普服务功能。开发利用有条件的工业遗产和闲置淘汰生产设施，建设科技博物馆、工业博物馆、安全体验场馆和科普创意园。

（四）基层科普能力提升工程。

建立健全应急科普协调联动机制，显著提升基层科普工作能力，基本建成平战结合应急科普体系。

——建立应急科普宣教协同机制。利用已有设施完善国家级应急科普宣教平台，组建专家委员会。各级政府建立应急科普部门协同机制，坚持日常宣教与应急宣传相统一，纳入各级突发事件应急工作整体规划和协调机制。储备和传播优质应急科普内容资源，有效开展传染病防治、防灾减灾、应急避险等主题科普宣教活动，全面推进应急科普知识进企业、进农村、进社区、进学校、进家庭。突发事件状态下，各地各部门密切协作，统筹力量直达基层开展应急科普，及时做好政策解读、知识普及和舆情引导等工作。建立应急科普专家队伍，提升应急管理人员和媒体人员的应急科普能力。

——健全基层科普服务体系。构建省域统筹政策和机制、市域构建资源集散中心、县域组织落实，以新时代文明实践中心（所、站）、党群服务中心、社区服务中心（站）等为阵地，以志愿服务为重要手段的基层科普服务体系。动员学校、医院、科研院所、企业、科学共同体和社会组织等组建科技志愿服务队，完善科技志愿服务管理制度，推进科技志愿服务专业化、规范化、常态化发展，推广群众点单、社区派单、部门领单、科技志愿服务队接单的订单认领模式。建立完善跨区域科普合作和共享机制，鼓励有条件的地区开展全领域行动、全地域覆盖、全媒体传播、全民参与共享的全域科普行动。

——实施基层科普服务能力提升工程。深入实施基层科普行动计划。开展全国科普示范县（市、区）创建活动。加强基层科普设施建设，在城乡社区综合服务设施、社区图书馆、社区书苑、社区大学等平台拓展科普服务功能。探索建立基层科普展览展示资源共享机制。深入开展爱国卫生运动、全国科普日、科技活动周、双创活动周、防灾减灾日、食品安全宣传周、公众科学日等活动，增进公众对科技发展的了解和支持。

——加强专职科普队伍建设。大力发展科普场馆、科普基地、科技出版、新媒体科普、科普研究等领域专职科普人才队伍。鼓励高校、科研机构、企业设立科普岗位。建立高校科普人才培养联盟，加大高层次科普专门人才培养力度，推动设立科普专业。

（五）科学素质国际交流合作工程。

拓展科学素质建设交流渠道，搭建开放合作平台，丰富交流合作内容，增进文明互鉴，推动价值认同，提升开放交流水平，参与全球治理。

——拓展国际科技人文交流渠道。围绕提升科学素质、促进可持续发展，充分发挥科学共同体优势和各类人文交流机制作用。开展青少年交流培育计划，拓展合作领域，提升合作层次。

——丰富国际合作内容。深入开展科学教育、传播和普及双多边合作项目，促进科普产品交流交易。聚焦应对未来发展、粮食安全、能源安全、人类健康、灾害风险、气候变化等人类可持续发展共同挑战，加强青少年、妇女和教育、媒体、文化等领域科技人文交流。

——积极参与全球治理。推进科学素质建设国际合作，探索制订国际标准，推动建立世界公众科学素质组织，参与议题发起和设置，在多边活动中积极提供中国方案、分享中国智慧。

——促进“一带一路”科技人文交流。坚持共商共建共享原则，深化公共卫生、绿色发展、科技教育等领域合作。推进科学素质建设战略、规划、机制对接，加强政策、规则、标准联通，推动共建“一带一路”高质量发展。

五、组织实施

（一）组织保障。

建立完善《科学素质纲要》实施协调机制，负责领导《科学素质纲要》实施工作，将公民科学素质发展目标纳入国民经济和社会发展规划，加强对《科学素质纲要》实施的督促检查。各部门将《科学素质纲要》有关任务纳入相关规划和计划，充分履行工作职责。中国科协发挥综合协调作用，做好沟通联络工作，会同各有关方面共同推进科学素质建设。

地方各级政府负责领导当地《科学素质纲要》实施工作，把科学素质建设作为地方经济社会发展的一项重要任务，纳入本地区总体规划，列入年度工作计划，纳入目标管理考核。地方各级科协牵头实施《科学素质纲要》，完善科学素质建设工作机制，会同各相关部门全面推进本地区科学素质建设。

（二）机制保障。

完善表彰奖励机制。根据国家有关规定，对在科学素质建设中做出突出贡献的集体和个人给予表彰和奖励。

完善监测评估体系。完善科普工作评估制度，制定新时代公民科学素质标准，定期开展公民科学素质监测评估、科学素质建设能力监测评估。

（三）条件保障。

完善法规政策。完善科普法律法规体系，鼓励有条件的地方制修订科普条例，制定科普专业技术职称评定办法，开展评定工作，将科普人才列入各级各类人才奖励和资助计划。

加强理论研究。围绕新科技、新应用带来的科技伦理、科技安全、科学谣言等方面，开展科学素质建设理论与实践研究。深入开展科普对象、手段和方法等研究，打造科学素质建设高端智库。

强化标准建设。分级分类制定科普产品和服务标准，实施科学素质建设标准编制专项，推动构建包括国家标准、行业标准、地方标准、团体标准和企业标准的多维标准体系。

保障经费投入。各有关部门统筹考虑和落实科普经费。各级政府按规定安排经费支持科普事业发展。大力提倡个人、企业、社会组织等社会力量采取设立科普基金、资助科普项目等方式为科学素质建设投入资金。

国务院办公厅关于加快发展保障性租赁住房的意见

（2021年6月24日　国办发〔2021〕22号）

近年来，各地区、各有关部门认真贯彻落实党中央、国务院决策部署，扎实推进住房保障工作，有效改善了城镇户籍困难群众住房条件，但新市民、青年人等群体住房困难问题仍然比较突出，需加快完善以公租房、保障性租赁住房和共有产权住房为主体的住房保障体系。经国务院同意，现就加快发展保障性租赁住房，促进解决好大城市住房突出问题，提出以下意见。

一、指导思想

以习近平新时代中国特色社会主义思想为指导，全面贯彻党的十九大和十九届二中、三中、四中、五中全会精神，立足新发展阶段、贯彻新发展理念、构建新发展格局，坚持以人民为中心，坚持房子是用来住的、不是用来炒的定位，突出住房的民生属性，扩大保障性租赁住房供给，缓解住房租赁市场结构性供给不足，推动建立多主体供给、多渠道保障、租购并举的住房制度，推进以人为核心的新型城镇化，促进实现全体人民住有所居。

二、基础制度

（一）明确对象标准。保障性租赁住房主要解决符合条件的新市民、青年人等群体的住房困难问题，以建筑面积不超过70平方米的小户型为主，租金低于同地段同品质市场租赁住房租金，准入和退出的具体条件、小户型的具体面积由城市人民政府按照保基本的原则合理确定。

（二）引导多方参与。保障性租赁住房由政府给予土地、财税、金融等政策支持，充分发挥市场机制作用，引导多主体投资、多渠道供给，坚持“谁投资、谁所有”，主要利用集体经营性建设用地、企事业单位自有闲置土地、产业园区配套用地和存量闲置房屋建设，适当利用新供应国有建设用地建设，并合理配套商业服务设施。支持专业化规模化住房租赁企业建设和运营管理保障性租赁住房。

（三）坚持供需匹配。城市人民政府要摸清保障性租赁住房需求和存量土地、房屋资源情况，结合现有租赁住房供求和品质状况，从实际出发，因城施策，采取新建、改建、改造、租赁补贴和将政府的闲置住房用作保障性租赁住房等多种方式，切实增加供给，科学确定“十四五”保障性租赁住房建设目标和政策措施，制定年度建设计划，并向社会公布。

（四）严格监督管理。城市人民政府要建立健全住房租赁管理服务平台，加强对保障性租赁住房建设、出租和运营管理的全过程监督，强化工程质量安全监管。保障性租赁住房不得上市销售或变相销售，严禁以保障性租赁住房为名违规经营或骗取优惠政策。

（五）落实地方责任。城市人民政府对本地区发展保障性租赁住房，促进解决新市民、青年人等群体住房困难问题负主体责任。省级人民政府对本地区发展保障性租赁住房工作负总责，要加强组织领导和监督检查，对城市发展保障性租赁住房情况实施监测评价。

三、支持政策

（一）进一步完善土地支持政策。

1. 人口净流入的大城市和省级人民政府确定的城市，在尊重农民集体意愿的基础上，经城市人民政府同意，可探索利用集体经营性建设用地建设保障性租赁住房；应支持利用城区、靠近产业园区或交通便利区域的集体经营性建设用地建设保障性租赁住房；农村集体经济组织可通过自建或联营、入股等方式建设运营保障性租赁住房；建设保障性租赁住房的集体经营性建设用地使用权可以办理抵押贷款。

2. 人口净流入的大城市和省级人民政府确定的城市，对企事业单位依法取得使用权的土地，经城市人民政府同意，在符合规划、权属不变、满足安全要求、尊重群众意愿的前提下，允许用于建设保障性租赁住房，并变更土地用途，不补缴土地价款，原划拨的土地可继续保留划拨方式；允许土地使用权人自建或与其他市场主体合作建设运营保障性租赁住房。

3. 人口净流入的大城市和省级人民政府确定的城市，经城市人民政府同意，在确保安全的前提下，可将产业园区中工业项目配套建设行政办公及生活服务设施的用地面积占项目总用地面积的比例上限由7%提高到15%，建筑面积占比上限相应提高，提高部分主要用于建设宿舍型保障性租赁住房，严禁建设成套商品住宅；鼓励将产业园区中各工业项目的配套比例对应的用地面积或建筑面积集中起来，统一建设宿舍型保障性租赁住房。

4. 对闲置和低效利用的商业办公、旅馆、厂房、仓储、科研教育等非居住存量房屋，经城市人民政府同意，在符合规划原则、权属不变、满足安全要求、尊重群众意愿的前提下，允许改建为保障性租赁住房；用作保障性租赁住房期间，不变更土地使用性质，不补缴土地价款。

5. 人口净流入的大城市和省级人民政府确定的城市，应按照职住平衡原则，提高住宅用地中保障性租赁住房用地供应比例，在编制年度住宅用地供应计划时，单列租赁住房用地计划、优先安排、应保尽保，主要安排在产业园区及周边、轨道交通站点附近和城市建设重点片区等区域，引导产城人融合、人地房联动；保障性租赁住房用地可采取出让、租赁或划拨等方式供应，其中以出让或租赁方式供应的，可将保障性租赁住房租赁价格及调整方式作为出让或租赁的前置条件，允许出让价款分期收取。新建普通商品住房项目，可配建一定比例的保障性租赁住房，具体配建比例和管理方式由市县人民政府确定。鼓励在地铁上盖物业中建设一定比例的保障性租赁住房。

(二)简化审批流程。各地要精简保障性租赁住房项目审批事项和环节,构建快速审批流程,提高项目审批效率。利用非居住存量土地和非居住存量房屋建设保障性租赁住房,可由市县人民政府组织有关部门联合审查建设方案,出具保障性租赁住房项目认定书后,由相关部门办理立项、用地、规划、施工、消防等手续。不涉及土地权属变化的项目,可用已有用地手续等材料作为土地证明文件,不再办理用地手续。探索将工程建设许可和施工许可合并为一个阶段。实行相关各方联合验收。

(三)给予中央补助资金支持。中央通过现有经费渠道,对符合规定的保障性租赁住房建设任务予以补助。

(四)降低税费负担。综合利用税费手段,加大对发展保障性租赁住房的支持力度。利用非居住存量土地和非居住存量房屋建设保障性租赁住房,取得保障性租赁住房项目认定书后,比照适用住房租赁增值税、房产税等税收优惠政策。对保障性租赁住房项目免收城市基础设施配套费。

(五)执行民用水电气价格。利用非居住存量土地和非居住存量房屋建设保障性租赁住房,取得保障性租赁住房项目认定书后,用水、用电、用气价格按照居民标准执行。

(六)进一步加强金融支持。

1. 加大对保障性租赁住房建设运营的信贷支持力度,支持银行业金融机构以市场化方式向保障性租赁住房自持主体提供长期贷款;按照依法合规、风险可控、商业可持续原则,向改建、改造存量房屋形成非自有产权保障性租赁住房的住房租赁企业提供贷款。完善与保障性租赁住房相适应的贷款统计,在实施房地产信贷管理时予以差别化对待。

2. 支持银行业金融机构发行金融债券,募集资金用于保障性租赁住房贷款投放。支持企业发行企业债券、公司债券、非金融企业债务融资工具等公司信用类债券,用于保障性租赁住房建设运营。企业持有运营的保障性租赁住房具有持续稳定现金流的,可将物业抵押作为信用增进，发行住房租赁担保债券。支持商业保险资金按照市场化原则参与保障性租赁住房建设。

四、组织实施

（一）做好政策衔接。各地要把解决新市民、青年人等群体住房困难问题摆上重要议事日程，高度重视保障性租赁住房建设。要对现有各类政策支持租赁住房进行梳理，包括通过利用集体建设用地建设租赁住房试点、中央财政支持住房租赁市场发展试点、非房地产企业利用自有土地建设租赁住房试点、发展政策性租赁住房试点建设的租赁住房等，符合规定的均纳入保障性租赁住房规范管理，不纳入的不得享受利用非居住存量土地和非居住存量房屋建设保障性租赁住房不补缴土地价款等国家对保障性租赁住房的专门支持政策。

（二）强化部门协作。住房城乡建设部要加强对发展保障性租赁住房工作的组织协调和督促指导，会同有关部门组织做好发展保障性租赁住房情况监测评价，及时总结宣传经验做法。国家发展改革委、财政部、自然资源部、人民银行、税务总局、银保监会、证监会等部门和单位要加强政策协调、工作衔接，强化业务指导、调研督促。各有关部门和单位要按职责分工，加强协作、形成合力，确保各项政策落实到位。

国务院部门规章

中华人民共和国海关进出口货物减免税管理办法

（2020年12月21日中华人民共和国海关总署令第245号公布 自2021年3月1日起施行 国司备字［2021004235］）

第一章 总 则

第一条 为了规范海关进出口货物减免税管理工作，保障行政相对人合法权益，优化营商环境，根据《中华人民共和国海关法》（以下简称《海关法》）、《中华人民共和国进出口关税条例》及有关法律和行政法规的规定，制定本办法。

第二条 进出口货物减征或者免征关税、进口环节税（以下简称减免税）事务，除法律、行政法规另有规定外，海关依照本办法实施管理。

第三条 进出口货物减免税申请人（以下简称减免税申请人）应当向其主管海关申请办理减免税审核确认、减免税货物税款担保、减免税货物后续管理等相关业务。

减免税申请人向主管海关申请办理减免税相关业务，应当按照规定提交齐全、有效、填报规范的申请材料，并对材料的真实性、准确性、完整性和规范性承担相应的法律责任。

第二章　减免税审核确认

第四条　减免税申请人按照有关进出口税收优惠政策的规定申请减免税进出口相关货物,应当在货物申报进出口前,取得相关政策规定的享受进出口税收优惠政策资格的证明材料,并凭以下材料向主管海关申请办理减免税审核确认手续:

(一)《进出口货物征免税申请表》;

(二)事业单位法人证书或者国家机关设立文件、社会团体法人登记证书、民办非企业单位法人登记证书、基金会法人登记证书等证明材料;

(三)进出口合同、发票以及相关货物的产品情况资料。

第五条　主管海关应当自受理减免税审核确认申请之日起10个工作日内,对减免税申请人主体资格、投资项目和进出口货物相关情况是否符合有关进出口税收优惠政策规定等情况进行审核,并出具进出口货物征税、减税或者免税的确认意见,制发《中华人民共和国海关进出口货物征免税确认通知书》(以下简称《征免税确认通知书》)。

有下列情形之一,主管海关不能在本条第一款规定期限内出具确认意见的,应当向减免税申请人说明理由:

(一)有关进出口税收优惠政策规定不明确或者涉及其他部门管理职责,需要与相关部门进一步协商、核实有关情况的;

(二)需要对货物进行化验、鉴定等,以确定其是否符合有关进出口税收优惠政策规定的。

有本条第二款规定情形的,主管海关应当自情形消除之日起10个工作日内,出具进出口货物征税、减税或者免税的确认意见,并制发《征免税确认通知书》。

第六条　减免税申请人需要变更或者撤销已出具的《征免税确认通知书》的,应当在《征免税确认通知书》有效期内向主管海关提出申请,并随附相关材料。

经审核符合规定的,主管海关应当予以变更或者撤销。予以变更的,主管海关应当重新制发《征免税确认通知书》。

第七条 《征免税确认通知书》有效期限不超过6个月,减免税申请人应当在有效期内向申报地海关办理有关进出口货物申报手续;不能在有效期内办理,需要延期的,应当在有效期内向主管海关申请办理延期手续。《征免税确认通知书》可以延期一次,延长期限不得超过6个月。

《征免税确认通知书》有效期限届满仍未使用的,其效力终止。减免税申请人需要减免税进出口该《征免税确认通知书》所列货物的,应当重新向主管海关申请办理减免税审核确认手续。

第八条 除有关进出口税收优惠政策或者其实施措施另有规定外,进出口货物征税放行后,减免税申请人申请补办减免税审核确认手续的,海关不予受理。

第三章 减免税货物税款担保

第九条 有下列情形之一的,减免税申请人可以向海关申请办理有关货物凭税款担保先予放行手续:

(一)有关进出口税收优惠政策或者其实施措施明确规定的;

(二)主管海关已经受理减免税审核确认申请,尚未办理完毕的;

(三)有关进出口税收优惠政策已经国务院批准,具体实施措施尚未明确,主管海关能够确认减免税申请人属于享受该政策范围的;

(四)其他经海关总署核准的情形。

第十条 减免税申请人需要办理有关货物凭税款担保先予放行手续的,应当在货物申报进出口前向主管海关提出申请,并随附相关材料。

主管海关应当自受理申请之日起5个工作日内出具是否准予办理担保的意见。符合本办法第九条规定情形的，主管海关应当制发《中华人民共和国海关准予办理减免税货物税款担保通知书》（以下简称《准予办理担保通知书》），并通知申报地海关；不符合有关规定情形的，制发《中华人民共和国海关不准予办理减免税货物税款担保通知书》。

第十一条 申报地海关凭主管海关制发的《准予办理担保通知书》，以及减免税申请人提供的海关依法认可的财产、权利，按照规定办理减免税货物的税款担保手续。

第十二条《准予办理担保通知书》确定的减免税货物税款担保期限不超过6个月，主管海关可以延期1次，延长期限不得超过6个月。特殊情况仍需要延期的，应当经直属海关审核同意。

减免税货物税款担保期限届满，本办法第九条规定的有关情形仍然延续的，主管海关可以根据有关情形可能延续的时间等情况，相应延长税款担保期限，并向减免税申请人告知有关情况，同时通知申报地海关为减免税申请人办理税款担保延期手续。

第十三条 减免税申请人在减免税货物税款担保期限届满前取得《征免税确认通知书》，并已向海关办理征税、减税或者免税相关手续的，申报地海关应当解除税款担保。

第四章 减免税货物的管理

第十四条 除海关总署另有规定外，进口减免税货物的监管年限为：

（一）船舶、飞机：8年；

（二）机动车辆：6年；

（三）其他货物：3年。

监管年限自货物进口放行之日起计算。

除海关总署另有规定外，在海关监管年限内，减免税申请人应当按照海关规定保管、使用进口减免税货物，并依法接受海关监管。

第十五条 在海关监管年限内，减免税申请人应当于每年6月30日（含当日）以前向主管海关提交《减免税货物使用状况报告书》，报告减免税货物使用状况。超过规定期限未提交的，海关按照有关规定将其列入信用信息异常名录。

减免税申请人未按照前款规定报告其减免税货物使用状况，向海关申请办理减免税审核确认、减免税货物税款担保、减免税货物后续管理等相关业务的，海关不予受理。减免税申请人补报后，海关可以受理。

第十六条 在海关监管年限内，减免税货物应当在主管海关审核同意的地点使用。除有关进口税收优惠政策实施措施另有规定外，减免税货物需要变更使用地点的，减免税申请人应当向主管海关提出申请，并说明理由；经主管海关审核同意的，可以变更使用地点。

减免税货物需要移出主管海关管辖地使用的，减免税申请人应当向主管海关申请办理异地监管手续，并随附相关材料。经主管海关审核同意并通知转入地海关后，减免税申请人可以将减免税货物运至转入地海关管辖地，并接受转入地海关监管。

减免税货物在异地使用结束后，减免税申请人应当及时向转入地海关申请办结异地监管手续。经转入地海关审核同意并通知主管海关后，减免税申请人应当将减免税货物运回主管海关管辖地。

第十七条 在海关监管年限内，减免税申请人发生分立、合并、股东变更、改制等主体变更情形的，权利义务承受人应当自变更登记之日起30日内，向原减免税申请人的主管海关报告主体变更情况以及有关减免税货物的情况。

经原减免税申请人主管海关审核，需要补征税款的，权利义务承受人应当向原减免税申请人主管海关办理补税手续；可以继续享受减免税待遇的，权利义务承受人应当按照规定申请办理减免税货物结转等相关手续。

第十八条 在海关监管年限内，因破产、撤销、解散、改制或者其他情形导致减免税申请人终止，有权利义务承受人的，参照本办法第十七条的规定办理有关手续；没有权利义务承受人的，原减免税申请人或者其他依法应当承担关税及进口环节税缴纳义务的当事人，应当自资产清算之日起30日内，向原减免税申请人主管海关申请办理减免税货物的补缴税款手续。进口时免予提交许可证件的减免税货物，按照国家有关规定需要补办许可证件的，减免税申请人在办理补缴税款手续时还应当补交有关许可证件。有关减免税货物自办结上述手续之日起，解除海关监管。

第十九条 在海关监管年限内，减免税申请人要求将减免税货物退运出境或者出口的，应当经主管海关审核同意，并办理相关手续。

减免税货物自退运出境或者出口之日起，解除海关监管，海关不再对退运出境或者出口的减免税货物补征相关税款。

第二十条 减免税货物海关监管年限届满的，自动解除监管。

对海关监管年限内的减免税货物，减免税申请人要求提前解除监管的，应当向主管海关提出申请，并办理补缴税款手续。进口时免予提交许可证件的减免税货物，按照国家有关规定需要补办许可证件的，减免税申请人在办理补缴税款手续时还应当补交有关许可证件。有关减免税货物自办结上述手续之日起，解除海关监管。

减免税申请人可以自减免税货物解除监管之日起1年内，向主管海关申领《中华人民共和国海关进口减免税货物解除监管证明》。

第二十一条 在海关监管年限内及其后3年内，海关依照《海关法》《中华人民共和国海关稽查条例》等有关规定，对有关企业、单位进口和使用减免税货物情况实施稽查。

第五章　减免税货物的抵押、转让、移作他用

第二十二条　在减免税货物的海关监管年限内，经主管海关审核同意，并办理有关手续，减免税申请人可以将减免税货物抵押、转让、移作他用或者进行其他处置。

第二十三条　在海关监管年限内，进口时免予提交许可证件的减免税货物，减免税申请人向主管海关申请办理抵押、转让、移作他用或者其他处置手续时，按照国家有关规定需要补办许可证件的，应当补办相关手续。

第二十四条　在海关监管年限内，减免税申请人要求以减免税货物向银行或者非银行金融机构办理贷款抵押的，应当向主管海关提出申请，随附相关材料，并以海关依法认可的财产、权利提供税款担保。

主管海关应当对减免税申请人提交的申请材料是否齐全、有效，填报是否规范等进行审核，必要时可以实地了解减免税申请人经营状况、减免税货物使用状况等相关情况。经审核符合规定的，主管海关应当制发《中华人民共和国海关准予办理减免税货物贷款抵押通知书》；不符合规定的，应当制发《中华人民共和国海关不准予办理减免税货物贷款抵押通知书》。

减免税申请人不得以减免税货物向银行或者非银行金融机构以外的自然人、法人或者非法人组织办理贷款抵押。

第二十五条　主管海关同意以减免税货物办理贷款抵押的，减免税申请人应当自签订抵押合同、贷款合同之日起30日内，将抵押合同、贷款合同提交主管海关备案。

抵押合同、贷款合同的签订日期不是同一日的，按照后签订的日期计算前款规定的备案时限。

第二十六条　减免税货物贷款抵押需要延期的，减免税申请人应当在贷款抵押期限届满前，向主管海关申请办理贷款抵押的

延期手续。

经审核符合规定的，主管海关应当制发《中华人民共和国海关准予办理减免税货物贷款抵押延期通知书》；不符合规定的，应当制发《中华人民共和国海关不准予办理减免税货物贷款抵押延期通知书》。

第二十七条 在海关监管年限内，减免税申请人需要将减免税货物转让给进口同一货物享受同等减免税优惠待遇的其他单位的，应当按照下列规定办理减免税货物结转手续：

（一）减免税货物的转出申请人向转出地主管海关提出申请，并随附相关材料。转出地主管海关审核同意后，通知转入地主管海关。

（二）减免税货物的转入申请人向转入地主管海关申请办理减免税审核确认手续。转入地主管海关审核同意后，制发《征免税确认通知书》。

（三）结转减免税货物的监管年限应当连续计算，转入地主管海关在剩余监管年限内对结转减免税货物继续实施后续监管。

转入地海关和转出地海关为同一海关的，参照本条第一款规定办理。

第二十八条 在海关监管年限内，减免税申请人需要将减免税货物转让给不享受进口税收优惠政策或者进口同一货物不享受同等减免税优惠待遇的其他单位的，应当事先向主管海关申请办理减免税货物补缴税款手续。进口时免予提交许可证件的减免税货物，按照国家有关规定需要补办许可证件的，减免税申请人在办理补缴税款手续时还应当补交有关许可证件。有关减免税货物自办结上述手续之日起，解除海关监管。

第二十九条 减免税货物因转让、提前解除监管以及减免税申请人发生主体变更、依法终止情形或者其他原因需要补征税款的，补税的完税价格以货物原进口时的完税价格为基础，按照减免税货物已进口时间与监管年限的比例进行折旧，其计算公式如下：

补税的完税价格＝减免税货物原进口时的完税价格×

$$\left[1-\frac{\text{减免税货物已进口时间}}{\text{监管年限}\times 12}\right]$$

减免税货物已进口时间自货物放行之日起按月计算。不足1个月但超过15日的，按1个月计算；不超过15日的，不予计算。

第三十条 按照本办法第二十九条规定计算减免税货物补税的完税价格的，应当按以下情形确定货物已进口时间的截止日期：

（一）转让减免税货物的，应当以主管海关接受减免税申请人申请办理补税手续之日作为截止之日；

（二）减免税申请人未经海关批准，擅自转让减免税货物的，应当以货物实际转让之日作为截止之日；实际转让之日不能确定的，应当以海关发现之日作为截止之日；

（三）在海关监管年限内，减免税申请人发生主体变更情形的，应当以变更登记之日作为截止之日；

（四）在海关监管年限内，减免税申请人发生破产、撤销、解散或者其他依法终止经营情形的，应当以人民法院宣告减免税申请人破产之日或者减免税申请人被依法认定终止生产经营活动之日作为截止之日；

（五）减免税货物提前解除监管的，应当以主管海关接受减免税申请人申请办理补缴税款手续之日作为截止之日。

第三十一条 在海关监管年限内，减免税申请人需要将减免税货物移作他用的，应当事先向主管海关提出申请。经主管海关审核同意，减免税申请人可以按照海关批准的使用单位、用途、地区将减免税货物移作他用。

本条第一款所称移作他用包括以下情形：

（一）将减免税货物交给减免税申请人以外的其他单位使用；

（二）未按照原定用途使用减免税货物；

（三）未按照原定地区使用减免税货物。

除海关总署另有规定外，按照本条第一款规定将减免税货物移作他用的，减免税申请人应当事先按照移作他用的时间补缴相应税款;移作他用时间不能确定的,应当提供税款担保,税款担保金额不得超过减免税货物剩余监管年限可能需要补缴的最高税款总额。

第三十二条 减免税申请人将减免税货物移作他用,需要补缴税款的,补税的完税价格以货物原进口时的完税价格为基础,按照需要补缴税款的时间与监管年限的比例进行折旧,其计算公式如下:

$$补税的完税价格=减免税货物原进口时的完税价格\times\left[\frac{需要补缴税款的时间}{监管年限\times 365}\right]$$

上述计算公式中需要补缴税款的时间为减免税货物移作他用的实际时间,按日计算,每日实际使用不满 8 小时或者超过 8 小时的均按 1 日计算。

第三十三条 海关在办理减免税货物贷款抵押、结转、移作他用、异地监管、主体变更、退运出境或者出口、提前解除监管等后续管理业务时,应当自受理减免税申请人的申请之日起 10 个工作日内作出是否同意的决定。

因特殊情形不能在前款规定期限内作出决定的,海关应当向申请人说明理由,并自特殊情形消除之日起 10 个工作日内作出是否同意的决定。

第六章 附 则

第三十四条 在海关监管年限内,减免税申请人发生分立、合并、股东变更、改制等主体变更情形的,或者因破产、撤销、解散、改制或者其他情形导致其终止的,当事人未按照有关规定,向原减免税申请人的主管海关报告主体变更或者终止情形以及有关减免税货物的情况的,海关予以警告,责令其改正,可以处 1 万元以下罚款。

第三十五条 本办法下列用语的含义:

进出口货物减免税申请人，是指根据有关进出口税收优惠政策和相关法律、行政法规的规定，可以享受进出口税收优惠，并依照本办法向海关申请办理减免税相关业务的具有独立法人资格的企事业单位、社会团体、民办非企业单位、基金会、国家机关；具体实施投资项目，获得投资项目单位授权并经按照本条规定确定为主管海关的投资项目所在地海关同意，可以向其申请办理减免税相关业务的投资项目单位所属非法人分支机构；经海关总署确认的其他组织。

减免税申请人的主管海关，减免税申请人为企业法人的，主管海关是指其办理企业法人登记注册地的海关；减免税申请人为事业单位、社会团体、民办非企业单位、基金会、国家机关等非企业法人组织的，主管海关是指其住所地海关；减免税申请人为投资项目单位所属非法人分支机构的，主管海关是指其办理营业登记地的海关。下列特殊情况除外：

（一）投资项目所在地海关与减免税申请人办理企业法人登记注册地海关或者办理营业登记地海关不是同一海关的，投资项目所在地海关为主管海关；投资项目所在地涉及多个海关的，有关海关的共同上级海关或者共同上级海关指定的海关为主管海关；

（二）有关进出口税收优惠政策实施措施明确规定的情形；

（三）海关总署批准的其他情形。

第三十六条　本办法所列文书格式由海关总署另行制定并公告。

第三十七条　本办法由海关总署负责解释。

第三十八条　本办法自 2021 年 3 月 1 日起施行。2008 年 12 月 29 日海关总署公布的《中华人民共和国海关进出口货物减免税管理办法》（海关总署令第 179 号）同时废止。

中华人民共和国进口食品境外生产企业注册管理规定

（2021年4月12日中华人民共和国海关总署令第248号公布　自2022年1月1日起施行　国司备字[2021004311]）

第一章　总　　则

第一条　为加强进口食品境外生产企业的注册管理，根据《中华人民共和国食品安全法》及其实施条例、《中华人民共和国进出口商品检验法》及其实施条例、《中华人民共和国进出境动植物检疫法》及其实施条例、《国务院关于加强食品等产品安全监督管理的特别规定》等法律、行政法规的规定，制定本规定。

第二条　向中国境内出口食品的境外生产、加工、贮存企业（以下统称进口食品境外生产企业）的注册管理适用本规定。

前款规定的进口食品境外生产企业不包括食品添加剂、食品相关产品的生产、加工、贮存企业。

第三条　海关总署统一负责进口食品境外生产企业的注册管理工作。

第四条　进口食品境外生产企业，应当获得海关总署注册。

第二章　注册条件与程序

第五条　进口食品境外生产企业注册条件：

（一）所在国家（地区）的食品安全管理体系通过海关总署等效性评估、审查；

（二）经所在国家（地区）主管当局批准设立并在其有效监管下；

（三）建立有效的食品安全卫生管理和防护体系，在所在国家（地区）合法生产和出口，保证向中国境内出口的食品符合中国相关法律法规和食品安全国家标准；

（四）符合海关总署与所在国家（地区）主管当局商定的相关检验检疫要求。

第六条 进口食品境外生产企业注册方式包括所在国家（地区）主管当局推荐注册和企业申请注册。

海关总署根据对食品的原料来源、生产加工工艺、食品安全历史数据、消费人群、食用方式等因素的分析，并结合国际惯例确定进口食品境外生产企业注册方式和申请材料。

经风险分析或者有证据表明某类食品的风险发生变化的，海关总署可以对相应食品的境外生产企业注册方式和申请材料进行调整。

第七条 下列食品的境外生产企业由所在国家（地区）主管当局向海关总署推荐注册：肉与肉制品、肠衣、水产品、乳品、燕窝与燕窝制品、蜂产品、蛋与蛋制品、食用油脂和油料、包馅面食、食用谷物、谷物制粉工业产品和麦芽、保鲜和脱水蔬菜以及干豆、调味料、坚果与籽类、干果、未烘焙的咖啡豆与可可豆、特殊膳食食品、保健食品。

第八条 所在国家（地区）主管当局应当对其推荐注册的企业进行审核检查，确认符合注册要求后，向海关总署推荐注册并提交以下申请材料：

（一）所在国家（地区）主管当局推荐函；

（二）企业名单与企业注册申请书；

（三）企业身份证明文件，如所在国家（地区）主管当局颁发的营业执照等；

（四）所在国家（地区）主管当局推荐企业符合本规定要求的声明；

（五）所在国家（地区）主管当局对相关企业进行审核检查的审

查报告。

必要时，海关总署可以要求提供企业食品安全卫生和防护体系文件，如企业厂区、车间、冷库的平面图，以及工艺流程图等。

第九条 本规定第七条所列食品以外的其他食品境外生产企业，应当自行或者委托代理人向海关总署提出注册申请并提交以下申请材料：

（一）企业注册申请书；

（二）企业身份证明文件，如所在国家（地区）主管当局颁发的营业执照等；

（三）企业承诺符合本规定要求的声明。

第十条 企业注册申请书内容应当包括企业名称、所在国家（地区）、生产场所地址、法定代表人、联系人、联系方式、所在国家（地区）主管当局批准的注册编号、申请注册食品种类、生产类型、生产能力等信息。

第十一条 注册申请材料应当用中文或者英文提交，相关国家（地区）与中国就注册方式和申请材料另有约定的，按照双方约定执行。

第十二条 所在国家（地区）主管当局或进口食品境外生产企业应当对提交材料的真实性、完整性、合法性负责。

第十三条 海关总署自行或者委托有关机构组织评审组，通过书面检查、视频检查、现场检查等形式及其组合，对申请注册的进口食品境外生产企业实施评估审查。评审组由 2 名以上评估审查人员组成。

进口食品境外生产企业和所在国家（地区）主管当局应当协助开展上述评估审查工作。

第十四条 海关总署根据评估审查情况，对符合要求的进口食品境外生产企业予以注册并给予在华注册编号，书面通知所在国家（地区）主管当局或进口食品境外生产企业；对不符合要求的进口食品境外生产企业不予注册，书面通知所在国家（地区）主管当局或进口食品境外生产企业。

第十五条 已获得注册的企业向中国境内出口食品时，应当在食品的内、外包装上标注在华注册编号或者所在国家（地区）主管当局批准的注册编号。

第十六条 进口食品境外生产企业注册有效期为5年。

海关总署在对进口食品境外生产企业予以注册时，应当确定注册有效期起止日期。

第十七条 海关总署统一公布获得注册的进口食品境外生产企业名单。

第三章 注册管理

第十八条 海关总署自行或者委托有关机构组织评审组，对进口食品境外生产企业是否持续符合注册要求的情况开展复查。评审组由2名以上评估审查人员组成。

第十九条 在注册有效期内，进口食品境外生产企业注册信息发生变化的，应当通过注册申请途径，向海关总署提交变更申请，并提交以下材料：

（一）注册事项变更信息对照表；

（二）与变更信息有关的证明材料。

海关总署评估后认为可以变更的，予以变更。

生产场所迁址、法定代表人变更或者所在国家（地区）授予的注册编号改变的应当重新申请注册，在华注册编号自动失效。

第二十条 进口食品境外生产企业需要延续注册的，应当在注册有效期届满前3至6个月内，通过注册申请途径，向海关总署提出延续注册申请。

延续注册申请材料包括：

（一）延续注册申请书；

（二）承诺持续符合注册要求的声明。

海关总署对符合注册要求的企业予以延续注册，注册有效期延长5年。

第二十一条 已注册进口食品境外生产企业有下列情形之一的，海关总署注销其注册，通知所在国家（地区）主管当局或进口食品境外生产企业，并予以公布：

（一）未按规定申请延续注册的；

（二）所在国家（地区）主管当局或进口食品境外生产企业主动申请注销的；

（三）不再符合本规定第五条第（二）项要求的。

第二十二条 进口食品境外生产企业所在国家（地区）主管当局应当对已注册企业实施有效监管，督促已注册企业持续符合注册要求，发现不符合注册要求的，应当立即采取控制措施，暂停相关企业向中国出口食品，直至整改符合注册要求。

进口食品境外生产企业自行发现不符合注册要求时，应当主动暂停向中国出口食品，立即采取整改措施，直至整改符合注册要求。

第二十三条 海关总署发现已注册进口食品境外生产企业不再符合注册要求的，应当责令其在规定期限内进行整改，整改期间暂停相关企业食品进口。

所在国家（地区）主管当局推荐注册的企业被暂停进口的，主管当局应当监督相关企业在规定期限内完成整改，并向海关总署提交书面整改报告和符合注册要求的书面声明。

自行或者委托代理人申请注册的企业被暂停进口的，应当在规定期限内完成整改，并向海关总署提交书面整改报告和符合注册要求的书面声明。

海关总署应当对企业整改情况进行审查，审查合格的，恢复相关企业食品进口。

第二十四条 已注册的进口食品境外生产企业有下列情形之一的，海关总署撤销其注册并予以公告：

（一）因企业自身原因致使进口食品发生重大食品安全事故的；

（二）向中国境内出口的食品在进境检验检疫中被发现食品安全问题，情节严重的；

（三）企业食品安全卫生管理存在重大问题，不能保证其向中国境内出口食品符合安全卫生要求的；

（四）经整改后仍不符合注册要求的；

（五）提供虚假材料、隐瞒有关情况的；

（六）拒不配合海关总署开展复查与事故调查的；

（七）出租、出借、转让、倒卖、冒用注册编号的。

第四章　附　　则

第二十五条　国际组织或者向中国境内出口食品的国家（地区）主管当局发布疫情通报，或者相关食品在进境检验检疫中发现疫情、公共卫生事件等严重问题的，海关总署公告暂停该国家（地区）相关食品进口，在此期间不予受理该国家（地区）相关食品生产企业注册申请。

第二十六条　本规定中所在国家（地区）主管当局指进口食品境外生产企业所在国家（地区）负责食品生产企业安全卫生监管的官方部门。

第二十七条　本规定由海关总署负责解释。

第二十八条　本规定自 2022 年 1 月 1 日起施行。2012 年 3 月 22 日原国家质量监督检验检疫总局令第 145 号公布，根据 2018 年 11 月 23 日海关总署令第 243 号修改的《进口食品境外生产企业注册管理规定》同时废止。

中华人民共和国进出口食品安全管理办法

（2021年4月12日中华人民共和国海关总署令第249号公布 自2022年1月1日起施行 国司备字[2021004312]）

第一章 总 则

第一条 为了保障进出口食品安全，保护人类、动植物生命和健康，根据《中华人民共和国食品安全法》（以下简称《食品安全法》）及其实施条例、《中华人民共和国海关法》《中华人民共和国进出口商品检验法》及其实施条例、《中华人民共和国进出境动植物检疫法》及其实施条例、《中华人民共和国国境卫生检疫法》及其实施细则、《中华人民共和国农产品质量安全法》和《国务院关于加强食品等产品安全监督管理的特别规定》等法律、行政法规的规定，制定本办法。

第二条 从事下列活动，应当遵守本办法：

（一）进出口食品生产经营活动；

（二）海关对进出口食品生产经营者及其进出口食品安全实施监督管理。

进出口食品添加剂、食品相关产品的生产经营活动按照海关总署相关规定执行。

第三条 进出口食品安全工作坚持安全第一、预防为主、风险管理、全程控制、国际共治的原则。

第四条 进出口食品生产经营者对其生产经营的进出口食品安全负责。

进出口食品生产经营者应当依照中国缔结或者参加的国际条

约、协定，中国法律法规和食品安全国家标准从事进出口食品生产经营活动，依法接受监督管理，保证进出口食品安全，对社会和公众负责，承担社会责任。

第五条 海关总署主管全国进出口食品安全监督管理工作。

各级海关负责所辖区域进出口食品安全监督管理工作。

第六条 海关运用信息化手段提升进出口食品安全监督管理水平。

第七条 海关加强进出口食品安全的宣传教育，开展食品安全法律、行政法规以及食品安全国家标准和知识的普及工作。

海关加强与食品安全国际组织、境外政府机构、境外食品行业协会、境外消费者协会等交流与合作，营造进出口食品安全国际共治格局。

第八条 海关从事进出口食品安全监督管理的人员应当具备相关专业知识。

第二章 食品进口

第九条 进口食品应当符合中国法律法规和食品安全国家标准，中国缔结或者参加的国际条约、协定有特殊要求的，还应当符合国际条约、协定的要求。

进口尚无食品安全国家标准的食品，应当符合国务院卫生行政部门公布的暂予适用的相关标准要求。

利用新的食品原料生产的食品，应当依照《食品安全法》第三十七条的规定，取得国务院卫生行政部门新食品原料卫生行政许可。

第十条 海关依据进出口商品检验相关法律、行政法规的规定对进口食品实施合格评定。

进口食品合格评定活动包括：向中国境内出口食品的境外国家（地区）〔以下简称境外国家（地区）〕食品安全管理体系评估和

审查、境外生产企业注册、进出口商备案和合格保证、进境动植物检疫审批、随附合格证明检查、单证审核、现场查验、监督抽检、进口和销售记录检查以及各项的组合。

第十一条 海关总署可以对境外国家(地区)的食品安全管理体系和食品安全状况开展评估和审查,并根据评估和审查结果,确定相应的检验检疫要求。

第十二条 有下列情形之一的,海关总署可以对境外国家(地区)启动评估和审查:

(一)境外国家(地区)申请向中国首次输出某类(种)食品的;

(二)境外国家(地区)食品安全、动植物检疫法律法规、组织机构等发生重大调整的;

(三)境外国家(地区)主管部门申请对其输往中国某类(种)食品的检验检疫要求发生重大调整的;

(四)境外国家(地区)发生重大动植物疫情或者食品安全事件的;

(五)海关在输华食品中发现严重问题,认为存在动植物疫情或者食品安全隐患的;

(六)其他需要开展评估和审查的情形。

第十三条 境外国家(地区)食品安全管理体系评估和审查主要包括对以下内容的评估、确认:

(一)食品安全、动植物检疫相关法律法规;

(二)食品安全监督管理组织机构;

(三)动植物疫情流行情况及防控措施;

(四)致病微生物、农兽药和污染物等管理和控制;

(五)食品生产加工、运输仓储环节安全卫生控制;

(六)出口食品安全监督管理;

(七)食品安全防护、追溯和召回体系;

(八)预警和应急机制;

(九)技术支撑能力;

（十）其他涉及动植物疫情、食品安全的情况。

第十四条 海关总署可以组织专家通过资料审查、视频检查、现场检查等形式及其组合，实施评估和审查。

第十五条 海关总署组织专家对接受评估和审查的国家（地区）递交的申请资料、书面评估问卷等资料实施审查，审查内容包括资料的真实性、完整性和有效性。根据资料审查情况，海关总署可以要求相关国家（地区）的主管部门补充缺少的信息或者资料。

对已通过资料审查的国家（地区），海关总署可以组织专家对其食品安全管理体系实施视频检查或者现场检查。对发现的问题可以要求相关国家（地区）主管部门及相关企业实施整改。

相关国家（地区）应当为评估和审查提供必要的协助。

第十六条 接受评估和审查的国家（地区）有下列情形之一，海关总署可以终止评估和审查，并通知相关国家（地区）主管部门：

（一）收到书面评估问卷12个月内未反馈的；

（二）收到海关总署补充信息和材料的通知3个月内未按要求提供的；

（三）突发重大动植物疫情或者重大食品安全事件的；

（四）未能配合中方完成视频检查或者现场检查、未能有效完成整改的；

（五）主动申请终止评估和审查的。

前款第一、二项情形，相关国家（地区）主管部门因特殊原因可以申请延期，经海关总署同意，按照海关总署重新确定的期限递交相关材料。

第十七条 评估和审查完成后，海关总署向接受评估和审查的国家（地区）主管部门通报评估和审查结果。

第十八条 海关总署对向中国境内出口食品的境外生产企业实施注册管理，并公布获得注册的企业名单。

第十九条 向中国境内出口食品的境外出口商或者代理商（以下简称"境外出口商或者代理商"）应当向海关总署备案。

食品进口商应当向其住所地海关备案。

境外出口商或者代理商、食品进口商办理备案时，应当对其提供资料的真实性、有效性负责。

境外出口商或者代理商、食品进口商备案名单由海关总署公布。

第二十条 境外出口商或者代理商、食品进口商备案内容发生变更的，应当在变更发生之日起60日内，向备案机关办理变更手续。

海关发现境外出口商或者代理商、食品进口商备案信息错误或者备案内容未及时变更的，可以责令其在规定期限内更正。

第二十一条 食品进口商应当建立食品进口和销售记录制度，如实记录食品名称、净含量/规格、数量、生产日期、生产或者进口批号、保质期、境外出口商和购货者名称、地址及联系方式、交货日期等内容，并保存相关凭证。记录和凭证保存期限不得少于食品保质期满后6个月；没有明确保质期的，保存期限为销售后2年以上。

第二十二条 食品进口商应当建立境外出口商、境外生产企业审核制度，重点审核下列内容：

（一）制定和执行食品安全风险控制措施情况；

（二）保证食品符合中国法律法规和食品安全国家标准的情况。

第二十三条 海关依法对食品进口商实施审核活动的情况进行监督检查。食品进口商应当积极配合，如实提供相关情况和材料。

第二十四条 海关可以根据风险管理需要，对进口食品实施指定口岸进口，指定监管场地检查。指定口岸、指定监管场地名单由海关总署公布。

第二十五条 食品进口商或者其代理人进口食品时应当依法向海关如实申报。

第二十六条 海关依法对应当实施入境检疫的进口食品实施检疫。

第二十七条 海关依法对需要进境动植物检疫审批的进口食品实施检疫审批管理。食品进口商应当在签订贸易合同或者协议前取得进境动植物检疫许可。

第二十八条 海关根据监督管理需要,对进口食品实施现场查验,现场查验包括但不限于以下内容:

(一)运输工具、存放场所是否符合安全卫生要求;

(二)集装箱号、封识号、内外包装上的标识内容、货物的实际状况是否与申报信息及随附单证相符;

(三)动植物源性食品、包装物及铺垫材料是否存在《进出境动植物检疫法实施条例》第二十二条规定的情况;

(四)内外包装是否符合食品安全国家标准,是否存在污染、破损、湿浸、渗透;

(五)内外包装的标签、标识及说明书是否符合法律、行政法规、食品安全国家标准以及海关总署规定的要求;

(六)食品感官性状是否符合该食品应有性状;

(七)冷冻冷藏食品的新鲜程度、中心温度是否符合要求、是否有病变、冷冻冷藏环境温度是否符合相关标准要求、冷链控温设备设施运作是否正常、温度记录是否符合要求,必要时可以进行蒸煮试验。

第二十九条 海关制定年度国家进口食品安全监督抽检计划和专项进口食品安全监督抽检计划,并组织实施。

第三十条 进口食品的包装和标签、标识应当符合中国法律法规和食品安全国家标准;依法应当有说明书的,还应当有中文说明书。

对于进口鲜冻肉类产品,内外包装上应当有牢固、清晰、易辨的中英文或者中文和出口国家(地区)文字标识,标明以下内容:产地国家(地区)、品名、生产企业注册编号、生产批号;外包装上应当以中文标明规格、产地（具体到州/省/市）、目的地、生产日期、保质期限、储存温度等内容，必须标注目的地为中华人民共和国，加施出口国家（地区）官方检验检疫标识。

对于进口水产品，内外包装上应当有牢固、清晰、易辨的中英文或者中文和出口国家（地区）文字标识，标明以下内容：商品名和学名、规格、生产日期、批号、保质期限和保存条件、生产方式（海水捕捞、淡水捕捞、养殖）、生产地区（海洋捕捞海域、淡水捕捞国家或者地区、养殖产品所在国家或者地区）、涉及的所有生产加工企业（含捕捞船、加工船、运输船、独立冷库）名称、注册编号及地址（具体到州/省/市）、必须标注目的地为中华人民共和国。

进口保健食品、特殊膳食用食品的中文标签必须印制在最小销售包装上，不得加贴。

进口食品内外包装有特殊标识规定的，按照相关规定执行。

第三十一条　进口食品运达口岸后，应当存放在海关指定或者认可的场所；需要移动的，必须经海关允许，并按照海关要求采取必要的安全防护措施。

指定或者认可的场所应当符合法律、行政法规和食品安全国家标准规定的要求。

第三十二条　大宗散装进口食品应当按照海关要求在卸货口岸进行检验。

第三十三条　进口食品经海关合格评定合格的，准予进口。

进口食品经海关合格评定不合格的，由海关出具不合格证明；涉及安全、健康、环境保护项目不合格的，由海关书面通知食品进口商，责令其销毁或者退运；其他项目不合格的，经技术处理符合合格评定要求的，方准进口。相关进口食品不能在规定时间内完成技术处理或者经技术处理仍不合格的，由海关责令食品进口商销毁或者退运。

第三十四条　境外发生食品安全事件可能导致中国境内食品安全隐患，或者海关实施进口食品监督管理过程中发现不合格进口食品,或者发现其他食品安全问题的,海关总署和经授权的直属海关可以依据风险评估结果对相关进口食品实施提高监督抽检比例等控制措施。

海关依照前款规定对进口食品采取提高监督抽检比例等控制措施后,再次发现不合格进口食品,或者有证据显示进口食品存在重大安全隐患的,海关总署和经授权的直属海关可以要求食品进口商逐批向海关提交有资质的检验机构出具的检验报告。海关应当对食品进口商提供的检验报告进行验核。

第三十五条 有下列情形之一的,海关总署依据风险评估结果,可以对相关食品采取暂停或者禁止进口的控制措施:

(一)出口国家(地区)发生重大动植物疫情,或者食品安全体系发生重大变化,无法有效保证输华食品安全的;

(二)进口食品被检疫传染病病原体污染,或者有证据表明能够成为检疫传染病传播媒介,且无法实施有效卫生处理的;

(三)海关实施本办法第三十四条第二款规定控制措施的进口食品,再次发现相关安全、健康、环境保护项目不合格的;

(四)境外生产企业违反中国相关法律法规,情节严重的;

(五)其他信息显示相关食品存在重大安全隐患的。

第三十六条 进口食品安全风险已降低到可控水平时,海关总署和经授权的直属海关可以按照以下方式解除相应控制措施:

(一)实施本办法第三十四条第一款控制措施的食品,在规定的时间、批次内未被发现不合格的,在风险评估基础上可以解除该控制措施;

(二)实施本办法第三十四条第二款控制措施的食品,出口国家(地区)已采取预防措施,经海关总署风险评估能够保障食品安全、控制动植物疫情风险,或者从实施该控制措施之日起在规定时间、批次内未发现不合格食品的,海关在风险评估基础上可以解除该控制措施;

(三)实施暂停或者禁止进口控制措施的食品,出口国家(地区)主管部门已采取风险控制措施,且经海关总署评估符合要求的,可以解除暂停或者禁止进口措施。恢复进口的食品,海关总署视评估情况可以采取本办法第三十四条规定的控制措施。

第三十七条 食品进口商发现进口食品不符合法律、行政法规和食品安全国家标准,或者有证据证明可能危害人体健康,应当按照《食品安全法》第六十三条和第九十四条第三款规定,立即停止进口、销售和使用,实施召回,通知相关生产经营者和消费者,记录召回和通知情况,并将食品召回、通知和处理情况向所在地海关报告。

第三章 食品出口

第三十八条 出口食品生产企业应当保证其出口食品符合进口国家(地区)的标准或者合同要求;中国缔结或者参加的国际条约、协定有特殊要求的,还应当符合国际条约、协定的要求。

进口国家(地区)暂无标准,合同也未作要求,且中国缔结或者参加的国际条约、协定无相关要求的,出口食品生产企业应当保证其出口食品符合中国食品安全国家标准。

第三十九条 海关依法对出口食品实施监督管理。出口食品监督管理措施包括:出口食品原料种植养殖场备案、出口食品生产企业备案、企业核查、单证审核、现场查验、监督抽检、口岸抽查、境外通报核查以及各项的组合。

第四十条 出口食品原料种植、养殖场应当向所在地海关备案。

海关总署统一公布原料种植、养殖场备案名单,备案程序和要求由海关总署制定。

第四十一条 海关依法采取资料审查、现场检查、企业核查等方式,对备案原料种植、养殖场进行监督。

第四十二条 出口食品生产企业应当向住所地海关备案,备案程序和要求由海关总署制定。

第四十三条 境外国家(地区)对中国输往该国家(地区)的出口食品生产企业实施注册管理且要求海关总署推荐的,出口食品生产企业须向住所地海关提出申请,住所地海关进行初核后报海关总署。

海关总署结合企业信用、监督管理以及住所地海关初核情况组织开展对外推荐注册工作,对外推荐注册程序和要求由海关总署制定。

第四十四条 出口食品生产企业应当建立完善可追溯的食品安全卫生控制体系,保证食品安全卫生控制体系有效运行,确保出口食品生产、加工、贮存过程持续符合中国相关法律法规、出口食品生产企业安全卫生要求;进口国家(地区)相关法律法规和相关国际条约、协定有特殊要求的,还应当符合相关要求。

出口食品生产企业应当建立供应商评估制度、进货查验记录制度、生产记录档案制度、出厂检验记录制度、出口食品追溯制度和不合格食品处置制度。相关记录应当真实有效,保存期限不得少于食品保质期期满后6个月;没有明确保质期的,保存期限不得少于2年。

第四十五条 出口食品生产企业应当保证出口食品包装和运输方式符合食品安全要求。

第四十六条 出口食品生产企业应当在运输包装上标注生产企业备案号、产品品名、生产批号和生产日期。

进口国家(地区)或者合同有特殊要求的,在保证产品可追溯的前提下,经直属海关同意,出口食品生产企业可以调整前款规定的标注项目。

第四十七条 海关应当对辖区内出口食品生产企业的食品安全卫生控制体系运行情况进行监督检查。监督检查包括日常监督检查和年度监督检查。

监督检查可以采取资料审查、现场检查、企业核查等方式,并可以与出口食品境外通报核查、监督抽检、现场查验等工作结合开展。

第四十八条 出口食品应当依法由产地海关实施检验检疫。

海关总署根据便利对外贸易和出口食品检验检疫工作需要，可以指定其他地点实施检验检疫。

第四十九条 出口食品生产企业、出口商应当按照法律、行政法规和海关总署规定，向产地或者组货地海关提出出口申报前监管申请。

产地或者组货地海关受理食品出口申报前监管申请后，依法对需要实施检验检疫的出口食品实施现场检查和监督抽检。

第五十条 海关制定年度国家出口食品安全监督抽检计划并组织实施。

第五十一条 出口食品经海关现场检查和监督抽检符合要求的，由海关出具证书，准予出口。进口国家（地区）对证书形式和内容要求有变化的，经海关总署同意可以对证书形式和内容进行变更。

出口食品经海关现场检查和监督抽检不符合要求的，由海关书面通知出口商或者其代理人。相关出口食品可以进行技术处理的，经技术处理合格后方准出口；不能进行技术处理或者经技术处理仍不合格的，不准出口。

第五十二条 食品出口商或者其代理人出口食品时应当依法向海关如实申报。

第五十三条 海关对出口食品在口岸实施查验，查验不合格的，不准出口。

第五十四条 出口食品因安全问题被国际组织、境外政府机构通报的，海关总署应当组织开展核查，并根据需要实施调整监督抽检比例、要求食品出口商逐批向海关提交有资质的检验机构出具的检验报告、撤回向境外官方主管机构的注册推荐等控制措施。

第五十五条 出口食品存在安全问题，已经或者可能对人体健康和生命安全造成损害的，出口食品生产经营者应当立即采取相应措施，避免和减少损害发生，并向所在地海关报告。

第五十六条 海关在实施出口食品监督管理时发现安全问题的，应当向同级政府和上一级政府食品安全主管部门通报。

第四章 监督管理

第五十七条 海关总署依照《食品安全法》第一百条规定，收集、汇总进出口食品安全信息，建立进出口食品安全信息管理制度。

各级海关负责本辖区内以及上级海关指定的进出口食品安全信息的收集和整理工作，并按照有关规定通报本辖区地方政府、相关部门、机构和企业。通报信息涉及其他地区的，应当同时通报相关地区海关。

海关收集、汇总的进出口食品安全信息，除《食品安全法》第一百条规定内容外，还包括境外食品技术性贸易措施信息。

第五十八条 海关应当对收集到的进出口食品安全信息开展风险研判，依据风险研判结果，确定相应的控制措施。

第五十九条 境内外发生食品安全事件或者疫情疫病可能影响到进出口食品安全的，或者在进出口食品中发现严重食品安全问题的，直属海关应当及时上报海关总署；海关总署根据情况进行风险预警，在海关系统内发布风险警示通报，并向国务院食品安全监督管理、卫生行政、农业行政部门通报，必要时向消费者发布风险警示通告。

海关总署发布风险警示通报的，应当根据风险警示通报要求对进出口食品采取本办法第三十四条、第三十五条、第三十六条和第五十四条规定的控制措施。

第六十条 海关制定年度国家进出口食品安全风险监测计划，系统和持续收集进出口食品中食源性疾病、食品污染和有害因素的监测数据及相关信息。

第六十一条 境外发生的食品安全事件可能对中国境内造成影响,或者评估后认为存在不可控风险的,海关总署可以参照国际通行做法,直接在海关系统内发布风险预警通报或者向消费者发布风险预警通告,并采取本办法第三十四条、第三十五条和第三十六条规定的控制措施。

第六十二条 海关制定并组织实施进出口食品安全突发事件应急处置预案。

第六十三条 海关在依法履行进出口食品安全监督管理职责时,有权采取下列措施:

(一)进入生产经营场所实施现场检查;

(二)对生产经营的食品进行抽样检验;

(三)查阅、复制有关合同、票据、账簿以及其他有关资料;

(四)查封、扣押有证据证明不符合食品安全国家标准或者有证据证明存在安全隐患以及违法生产经营的食品。

第六十四条 海关依法对进出口企业实施信用管理。

第六十五条 海关依法对进出口食品生产经营者以及备案原料种植、养殖场开展稽查、核查。

第六十六条 过境食品应当符合海关总署对过境货物的监管要求。过境食品过境期间,未经海关批准,不得开拆包装或者卸离运输工具,并应当在规定期限内运输出境。

第六十七条 进出口食品生产经营者对海关的检验结果有异议的,可以按照进出口商品复验相关规定申请复验。

有下列情形之一的,海关不受理复验:

(一)检验结果显示微生物指标超标的;

(二)复验备份样品超过保质期的;

(三)其他原因导致备份样品无法实现复验目的的。

第五章　法律责任

第六十八条　食品进口商备案内容发生变更,未按照规定向海关办理变更手续,情节严重的,海关处以警告。

食品进口商在备案中提供虚假备案信息的,海关处 1 万元以下罚款。

第六十九条　境内进出口食品生产经营者不配合海关进出口食品安全核查工作,拒绝接受询问、提供材料,或者答复内容和提供材料与实际情况不符的,海关处以警告或者 1 万元以下罚款。

第七十条　海关在进口预包装食品监管中,发现进口预包装食品未加贴中文标签或者中文标签不符合法律法规和食品安全国家标准,食品进口商拒不按照海关要求实施销毁、退运或者技术处理的,海关处以警告或者 1 万元以下罚款。

第七十一条　未经海关允许,将进口食品提离海关指定或者认可的场所的,海关责令改正,并处 1 万元以下罚款。

第七十二条　下列违法行为属于《食品安全法》第一百二十九条第一款第三项规定的"未遵守本法的规定出口食品"的,由海关依照《食品安全法》第一百二十四条的规定给予处罚:

(一)擅自调换经海关监督抽检并已出具证单的出口食品的;

(二)出口掺杂掺假、以假充真、以次充好的食品或者以不合格出口食品冒充合格出口食品的;

(三)出口未获得备案出口食品生产企业生产的食品的;

(四)向有注册要求的国家(地区)出口未获得注册出口食品生产企业生产食品的或者出口已获得注册出口食品生产企业生产的注册范围外食品的;

(五)出口食品生产企业生产的出口食品未按照规定使用备案种植、养殖场原料的;

(六)出口食品生产经营者有《食品安全法》第一百二十三条、

第一百二十四条、第一百二十五条、第一百二十六条规定情形，且出口食品不符合进口国家（地区）要求的。

第七十三条 违反本办法规定，构成犯罪的，依法追究刑事责任。

第六章 附 则

第七十四条 海关特殊监管区域、保税监管场所、市场采购、边境小额贸易和边民互市贸易进出口食品安全监督管理，按照海关总署有关规定执行。

第七十五条 邮寄、快件、跨境电子商务零售和旅客携带方式进出口食品安全监督管理，按照海关总署有关规定办理。

第七十六条 样品、礼品、赠品、展示品、援助等非贸易性的食品，免税经营的食品，外国驻中国使领馆及其人员进出境公用、自用的食品，驻外使领馆及其人员公用、自用的食品，中国企业驻外人员自用的食品的监督管理，按照海关总署有关规定办理。

第七十七条 本办法所称进出口食品生产经营者包括：向中国境内出口食品的境外生产企业、境外出口商或者代理商、食品进口商、出口食品生产企业、出口商以及相关人员等。

本办法所称进口食品的境外生产企业包括向中国出口食品的境外生产、加工、贮存企业等。

本办法所称进口食品的进出口商包括向中国出口食品的境外出口商或者代理商、食品进口商。

第七十八条 本办法由海关总署负责解释。

第七十九条 本办法自2022年1月1日起施行。2011年9月13日原国家质量监督检验检疫总局令第144号公布并根据2016年10月18日原国家质量监督检验检疫总局令第184号以及2018年11月23日海关总署令第243号修改的《进出口食品安全管理办法》、2000年2月22日原国家检验检疫局令第20号公布并根据2018年4月28日海关总署令第238号修改的《出口蜂蜜检验检疫管理办法》、2011年1月4日原国家质量监督检验检疫总局令第135号公布并根据2018年11月23日海关总署令第243号修改的《进出口水产品检验检疫监督管理办法》、2011年1月4日原国家质量监督检验检疫总局令第136号公布并根据2018年11月23日海关总署令第243号修改的《进出口肉类产品检验检疫监督管理办法》、2013年1月24日原国家质量监督检验检疫总局令第152号公布并根据2018年11月23日海关总署令第243号修改的《进出口乳品检验检疫监督管理办法》、2017年11月14日原国家质量监督检验检疫总局令第192号公布并根据2018年11月23日海关总署令第243号修改的《出口食品生产企业备案管理规定》同时废止。

宗教院校管理办法

（2021年4月23日国家宗教事务局令第16号公布
自2021年9月1日起施行　国司备字[2021004278]）

第一章　总　　则

第一条　为规范宗教院校管理，促进宗教院校健康发展，根据《宗教事务条例》，制定本办法。

第二条　本办法所称宗教院校，是指培养宗教教职人员和宗教方面其他专门人才的全日制教育机构。按照宗教与教育相分离的原则，宗教院校不属于国民教育体系。宗教教育学历适用于宗教界内部。

第三条　宗教院校由全国性宗教团体或者省、自治区、直辖市宗教团体设立。由全国性宗教团体设立的，为全国性宗教院校；由省、自治区、直辖市宗教团体设立的，为地方性宗教院校。

其他任何组织或者个人不得设立宗教院校。

第四条 宗教院校是培养爱国宗教后备人才、正确阐释宗教教义、培训在职宗教教职人员的重要基地。宗教院校应当以坚持我国宗教中国化为办学方向，以社会主义核心价值观为引领，走中国特色宗教院校办学道路，按照政治上靠得住、宗教上有造诣、品德上能服众、关键时起作用的标准，培养宗教教职人员和宗教方面其他专门人才。

第五条 宗教院校开展活动应当遵守法律、法规和规章。

宗教院校坚持独立自主自办的原则，不受外国势力的支配，不得与境外组织和人员合作办学。

第六条 国家宗教事务局主管宗教院校工作，负责宗教院校设立审批，管理全国性宗教院校。国家宗教事务局可以委托省级人民政府宗教事务部门行使其管理全国性宗教院校的部分职责。

省级人民政府宗教事务部门管理本行政区域的地方性宗教院校。省级人民政府宗教事务部门可以委托设区的市级人民政府宗教事务部门行使其管理地方性宗教院校的部分职责。

第七条 宗教院校分为高等宗教院校和中等宗教院校。

第二章 设 立

第八条 设立宗教院校，应当具备下列条件：

（一）有明确的培养目标、办学章程和课程设置计划；

（二）有符合培养条件的生源和招生计划；

（三）有必要的办学资金和合法、稳定的经费来源；

（四）有教学任务和办学规模所必需的教学场所、设施设备；

（五）有专职的院校负责人、合格的专职教师和内部管理组织；

（六）布局合理。

同一省级行政区域内已设立宗教院校的，一般不再批准设立新的同类宗教院校。

第九条 设立高等宗教院校，应当符合下列标准：

（一）招生对象至少具备中等宗教院校或者普通高级中学学历，或者具有同等学力；

（二）任课教师总数不少于学生总额的百分之十，其中至少百分之五十为专职教师；

（三）有独立的教学场所，其建筑设施可以保证教学、研究和师生的宗教生活、日常生活、体育锻炼等方面的基本需求，并符合国家有关规划、建设、消防等方面的规定；

（四）有必要的教学设备，适用图书不少于三万册；

（五）有必要的办学资金。

第十条 设立中等宗教院校，应当符合下列标准：

（一）招生对象至少具备普通初级中学学历；

（二）任课教师总数不少于学生总额的百分之八，其中至少百分之五十为专职教师；

（三）有独立的教学场所，其建筑设施可以保证教学和师生的宗教生活、日常生活、体育锻炼等方面的基本需求，并符合国家有关规划、建设、消防等方面的规定；

（四）有必要的教学设备，适用图书不少于二万册；

（五）有必要的办学资金。

第十一条 申请设立宗教院校，应当填写《宗教院校设立申请表》，并提交下列材料：

（一）办学章程及培养方案；

（二）符合培养条件的生源情况说明；

（三）资金证明以及办学经费主要来源情况说明；

（四）拟聘任教师、院校主要负责人和拟组建管理组织及成员的基本情况说明；

（五）校舍等基础设施和设备情况说明。

《宗教院校设立申请表》由国家宗教事务局制定。

第十二条 宗教院校的章程，应当包括以下事项：

（一）明确宗教教别的院校名称、简称、外文译名等；

（二）院校的办学地点、住所；

（三）院校的机构性质、组织体系、发展定位、培养目标、办学宗旨、办学层次、招生范围和办学规模等；

（四）院校的主要学科门类，以及设置和调整的原则、程序；

（五）院校实施的全日制与非全日制、学历教育与非学历教育等不同教育形式的性质、目的和要求；

（六）院校的领导体制，院校负责人的产生与任命机制，院校的决策机制、民主管理和监督机制，内设机构的组成、职责和管理体制；

（七）院校经费的来源渠道、财产属性、使用原则和管理制度，接受捐赠的规则和办法；

（八）章程修改的启动、审议程序，以及章程解释权的归属；

（九）其他应当由章程规定的事项。

第十三条 全国性宗教团体拟设立宗教院校的，向国家宗教事务局提出申请。

省、自治区、直辖市宗教团体拟设立宗教院校的，征求全国性宗教团体意见后，向所在地省级人民政府宗教事务部门提出申请。省级人民政府宗教事务部门应当自收到申请之日起三十日内提出意见，报国家宗教事务局审批。

国家宗教事务局应当自收到全国性宗教团体的申请或者省级人民政府宗教事务部门报送的材料之日起六十日内，作出批准或者不予批准的决定。不予批准的，书面说明理由。

第十四条 宗教院校的变更、合并、分设和终止，应当按本办法第十三条规定的程序办理。宗教院校的变更包括更改校址、校名、隶属关系、培养目标、学制、办学规模等。

第十五条 经批准设立的宗教院校，可以按照有关规定申请法人登记。

第三章　组织与保障

第十六条　宗教院校院（校）长为院校主要负责人，全面负责院校管理工作。宗教院校可以根据需要设置副院（校）长。

宗教院校主要负责人不得兼任其他宗教院校的主要负责人。

宗教院校不得聘请外籍人员担任院校的行政职务。

第十七条　宗教院校负责人应具有较高的思想政治素质和政策理论水平，拥护中国共产党的领导，拥护社会主义制度，接受政府管理，坚持我国宗教中国化办学方向；具有深厚的宗教学识和较强的行政管理能力，贯彻民主管理和集体领导制度。

第十八条　宗教院校主要负责人为院校安全稳定工作第一责任人。宗教院校应当建立安全管理工作机制，负责以下安全管理工作：

（一）健全院校安全预警机制，制定突发事件应急预案，完善事故预防措施；

（二）防范院校内发生宣扬、支持宗教极端主义，以及利用宗教破坏国家统一、民族团结、宗教和睦与社会稳定的行为和言论；

（三）落实国家有关建筑、消防、食品、卫生等安全工作的规定；

（四）开展校园综合治理，维护校园安全和教学秩序；

（五）开展安全宣传教育培训、消防演练等，提高教职工和学生安全意识和防护能力。

第十九条　宗教院校根据办学需要设置理事会或者董事会的，应当在章程中明确其职责定位、组成和议事规则。

第二十条　宗教院校根据精简高效的原则和实际需要，确定教学、研究、行政职能部门等内设机构的设置和人员配备，明确管理层级、职责权限。

第二十一条　宗教院校通过教职工代表大会等组织形式，依法保障教职工参与民主管理和监督，维护教职工合法权益。

宗教院校应当为教职工中的中国共产党党员成立基层党组织、开展活动提供必要条件。

第二十二条 宗教院校应当在教职工和学生中开展习近平新时代中国特色社会主义思想教育、爱国主义教育、社会主义核心价值观教育、法治教育、中华优秀传统文化教育，坚持升国旗与重要场合奏唱国歌制度，增强教职工和学生的国家意识、公民意识、法治意识。

第二十三条 宗教院校不得超出法律、法规、规章和章程规定的活动范围开展传教和宗教教学活动。

第二十四条 宗教院校应当依据章程和有关规定建立教职工和学生的奖惩制度。

第二十五条 宗教院校应当执行国家统一的财务、资产、会计制度，建立健全会计核算、财务报告、财务公开等制度，建立健全财务管理机构，加强财务管理，定期向设立该院校的宗教团体和省级以上人民政府宗教事务部门报告财务状况、收支情况和接受、使用捐赠情况，接受其监督管理，并以适当方式向捐赠方公布。

宗教院校主要负责人、主管财务的负责人以及财务部门的负责人，在离任、退休、调离工作岗位时，应当接受财务审计。

第二十六条 宗教院校应当依法办理税务登记和纳税申报，按照国家有关规定享受税收优惠。

第四章 教育教学活动

第二十七条 宗教院校学历教育分为中等专科层次宗教教育、高等专科层次宗教教育、本科层次宗教教育和研究生层次宗教教育。

中等宗教院校开展中等专科层次宗教教育，高等宗教院校开展高等专科层次、本科层次和研究生层次宗教教育。

第二十八条 中等专科层次宗教教育应当培养学生掌握本宗

教必备的基础理论和教义教规，具有从事宗教教务活动的基本能力。

中等专科层次宗教教育基本修业年限为二至四年。

第二十九条 高等专科层次宗教教育应当培养学生较好地掌握本宗教的基础理论、教义教规和本专业必备的知识，具有从事宗教教务活动和本专业实际工作的基本能力。

高等专科层次宗教教育基本修业年限为三至五年。

第三十条 本科层次宗教教育应当培养学生系统地掌握本宗教的基础理论、教义教规和本学科的基本知识，具备从事宗教教务活动、本专业实际工作和引领信教群众的基本能力，具有开展宗教研究工作、阐释教理教义教规的初步能力。

本科层次宗教教育的基本修业年限为四至六年。

第三十一条 研究生层次宗教教育应当培养学生掌握本宗教坚实的基础理论、教义教规和本学科系统的专业知识，具备较强的从事宗教教务活动、本专业实际工作和引领信教群众的能力，具有开展研究、阐释教理教义教规的能力。

第三十二条 宗教院校根据本宗教健康传承需要和自身教学、学术研究水平，合理设置和调整院校学科、专业。全国性宗教院校设置和调整院校学科、专业，经本宗教的全国性宗教团体教育委员会核准后，报国家宗教事务局备案。地方性宗教院校设置和调整院校学科、专业，经设立该院校的宗教团体和该宗教团体的业务主管单位审核同意后，由本宗教的全国性宗教团体的教育委员会核准，报国家宗教事务局备案。

第三十三条 宗教院校根据本宗教健康传承需要、办学条件和核定的办学规模，制定招生简章。招生简章应当包含招生名额、招生对象、报考录取程序、毕业和就业信息等。招生简章于招生工作启动前三个月报设立该院校的宗教团体同意，并报该宗教团体的业务主管单位备案。

第三十四条 宗教院校招收对象为宗教教职人员或者信仰宗

教的公民,一般应当年满十八周岁,且具有普通初级中学以上学历。

第三十五条 报考宗教院校应当经宗教团体、宗教院校或者宗教活动场所推荐,按照招生条件和报考程序进行考试,择优录取。

第三十六条 宗教院校可以依法向学生收取合理的学费和其他费用,收费标准应当报物价主管部门审定。

第三十七条 宗教院校应当对新入学学生资格进行审查,审查合格的,方可办理入学手续,予以注册学籍。

第三十八条 宗教院校教学课程分为公共课程和专业课程。公共课程的教学计划、教材使用方案由国家宗教事务局统一制定;专业课程的教学计划、教材编写和教材使用方案,由本宗教的全国性宗教团体的教育委员会制定,并报国家宗教事务局备案。

第三十九条 宗教院校公共课程包括思想政治理论和中国文化与社会等系列课程,以深入学习习近平新时代中国特色社会主义思想、持续开展社会主义核心价值观教育为目标,加强中华优秀传统文化、社会主义先进文化、思想政治理论、法律法规和国家通用语言文字教育,提升学生综合素质。公共课课时比例不得低于总学时的百分之三十。

第四十条 宗教院校专业课程应当围绕坚持我国宗教中国化方向,以提升学生关于本宗教的理论素养、实践能力和思想建设水平为目标。

第四十一条 宗教院校学位授予、藏传佛教院校学衔授予按照有关规定执行。

第四十二条 宗教院校可以开展非学历继续教育,培训在职宗教教职人员。

第四十三条 宗教院校可以根据办学实际需要,按照国家互联网信息服务管理有关规定开展互联网宗教教育培训。

第五章 教师与学生

第四十四条 在宗教院校专门从事宗教专业教育教学工作的人员，应当具备宗教院校教师资格。宗教院校教师职称实行评审聘任制度。宗教院校教师资格申请认定和职称评审聘任按照有关规定执行。

按照《中华人民共和国教师法》《教师资格条例》获得普通高等学校教师资格的人员视为已具备宗教院校教师资格。

第四十五条 宗教院校教师应当遵守宪法、法律、法规、规章和职业道德，恪守学术规范，具有良好的思想品德，为人师表，对学生进行宪法所确定的基本原则的教育、爱国主义教育、民族团结进步教育、法治教育和国家安全教育，完成院校的教学计划。

第四十六条 宗教院校和设立该院校的宗教团体应当依法维护宗教院校教师的合法权益，采取措施改善其工作条件和生活条件，为其办理社会保险登记，组织、支持其参加培训。

第四十七条 宗教院校应当鼓励教师按照坚持我国宗教中国化方向的要求，开展教理教义教规阐释和学术研究，进行学术交流，并提供便利条件。

第四十八条 宗教院校应当对教师、管理人员的思想政治表现、师德师风、业务水平和工作实绩进行考核，考核结果作为聘任或者解聘、晋升、奖励或者处分的依据。

宗教院校应当对违反师德规范或者行为准则的教师，依法依规依纪进行处理。

第四十九条 宗教院校学生在校期间依法享有使用教育教学资源、参加社会实践、志愿服务、勤工助学、文娱体育等活动的权利；对与学生权益相关事务享有知情权、参与权、表达权和监督权。

第五十条 宗教院校学生应当遵守宪法、法律、法规和规章，遵守院校的规章制度，遵守学生行为规范，完成规定学业，尊敬师长。

第五十一条 宗教院校应当真实记录学生考核成绩,并以适当方式记录学生学业、学术、纪律、品行等信息。考核成绩和相关信息归入学籍档案。

第五十二条 宗教院校学生在规定学习年限内修完教育教学计划规定内容,成绩合格,达到毕业要求的,宗教院校应当准予毕业,并在学生离校前颁发毕业证书。

符合宗教院校学位授予条件的,学位授予单位应当依照宗教院校学位授予的有关规定颁发学位证书。

第五十三条 宗教院校可以根据办学实际,按照有关规定建立健全奖学金、助学金制度,完善学生资助体系。

第五十四条 宗教院校可以根据实际情况建立并施行学生转学、转专业、休学和复学制度。

第五十五条 宗教院校学生可以在校内组织、参加学生团体,以适当方式参与院校管理。

学生团体应当在法律、法规、规章和院校管理制度范围内活动,接受院校的领导和管理。

第五十六条 宗教院校招收国际学生,经设立该院校的宗教团体参照《学校招收和培养国际学生管理办法》有关规定审核同意后,报该团体的业务主管单位备案。

第五十七条 宗教院校招收香港特别行政区、澳门特别行政区以及台湾地区学生,经设立该院校的宗教团体按照有关规定审核同意后,报该团体的业务主管单位备案。

第五十八条 在宗教院校学习的国际学生以及香港特别行政区、澳门特别行政区和台湾地区学生,其学位授予按照本办法和宗教院校学位授予的有关规定办理。

第五十九条 宗教院校选派教师或者学生出国出境学习、开展宗教交往,应当报设立该院校的宗教团体同意后,按照有关规定办理。

第六章 聘请外籍专业人员

第六十条 宗教院校为丰富教学内容,开展与国外宗教文化学术交流,可以按照法定程序聘用承担讲学或者教学任务的外籍专业人员。宗教院校聘用外籍专业人员应当遵循以我为主、适量聘用、保证质量、注重实效的原则。

第六十一条 宗教院校申请聘用外籍专业人员,应当符合下列条件:

(一)学制三年以上并已正式开办四年以上,教学评估合格;

(二)有健全的规章制度,有专门的外籍专业人员管理制度;

(三)有保障外籍专业人员开展工作的基本条件;

(四)拟聘用人员遵守中国的法律法规规章,尊重中国宗教独立自主自办和各宗教之间相互尊重的原则;

(五)拟聘用人员无不良记录,未参加过反华组织、未从事过反华活动、未发表过反华言论,不支持、宣扬和资助宗教极端主义;

(六)拟聘用人员无刑事犯罪记录和吸食大麻等毒品的行为记录;

(七)拟聘用人员无传染性疾病、无精神障碍史;

(八)拟聘用人员无因违反法律法规和师德规范被国内外教育机构解聘及处罚、处分的经历;

(九)拟聘用人员具有硕士以上学历或者同等学力,在拟聘任的学科专业领域有较高造诣;

(十)拟聘用人员具有与拟聘岗位要求相一致的教学能力和水平。

第六十二条 宗教院校申请聘用外籍专业人员,应当提交下列材料:

(一)申请书,内容包括拟聘用人员名单、讲授课程、课时和任教期限等;

（二）拟与聘用人员签订的合同文本；
（三）拟聘用人员的个人简历，并附相关证书或者证明材料；
（四）拟聘用人员的健康情况说明；
（五）相关专业机构或者人员的推荐材料。

第六十三条 全国性宗教院校申请聘用外籍专业人员，应当报全国性宗教团体审核，由全国性宗教团体向国家宗教事务局提出申请。地方性宗教院校申请聘用外籍专业人员，经设立该院校的宗教团体和省级人民政府宗教事务部门提出意见后，由省级人民政府宗教事务部门向国家宗教事务局提出申请。

国家宗教事务局应当自受理申请之日起二十日内，作出批准或者不予批准的决定。

第六十四条 拟聘用外籍专业人员的宗教院校取得国家宗教事务局批准后，应当到所在地外国人工作管理部门申请外国人来华工作许可，领取《外国人工作许可通知》。

受聘的外籍专业人员持《外国人工作许可通知》及其他相关材料，向中国驻外签证机关申请办理Z字签证。入境后，还应当依法办理在华工作和居留的相关手续。

第六十五条 宗教院校邀请外籍专业人员到宗教院校开办讲座，时间在两天以内且课时总量不超过六课时，按来华交流访问有关规定办理。

第六十六条 宗教院校应当对拟聘用的外籍专业人员专业素质、资格资历、社会背景等严格把关；对受聘的外籍专业人员进行必要的教育培训，对其讲学内容及使用的教材进行审定，并开展教学评估工作。

第六十七条 受聘的外籍专业人员应当遵守我国法律、法规和规章，尊重我国宗教独立自主自办原则，遵守所在院校规章制度，不得从事与其聘用身份不相符的活动。

第六十八条 宗教院校聘用香港特别行政区、澳门特别行政区以及台湾地区专业人员讲学，参照本章上述规定执行。

第七章 监督管理

第六十九条 设立宗教院校的宗教团体，应当履行以下职责：

（一）指导、监督宗教院校坚持正确的办学方向；

（二）制定有关宗教院校管理的规章制度并督促落实；

（三）指导宗教院校制定和履行章程；

（四）为宗教院校正常运转筹集资金；

（五）指导、监督宗教院校落实财务管理制度；

（六）依据本宗教教理教义和戒律仪轨，按照宗教与社会主义社会相适应的原则，指导、监督宗教院校开展专业课教学和宗教实践活动；

（七）指导、支持宗教院校提高办学质量；

（八）通过设立奖学金、奖教金等形式奖励优秀学生和教师；

（九）法律、法规、规章和宗教团体规章制度规定的其他需要指导和管理的事项。

第七十条 全国性宗教团体除履行第六十九条规定的职责外，还应当履行以下职责：

（一）依据宗教院校学位授予的有关规定，制定学位授予实施细则，成立学位授予工作小组，开展宗教院校学位授予资格认定工作；

（二）依据宗教院校教师资格认定和职称评审有关规定，制定教师资格认定和职称评审实施细则，成立认定和评审工作小组，开展宗教院校教师资格认定和职称评审工作；

（三）审核宗教院校学科、专业的设置和调整；

（四）研究制定宗教院校专业课程的课程体系，组织编写宗教院校专业课程统编教材，组织、指导宗教院校专业课教师培训工作；

（五）制定宗教院校教师师德规范或者行为准则，明确负面清单；

（六）审核地方性宗教院校上报事项等；

（七）法律、法规、规章和本团体规章制度规定的其他需要指导和管理的事项。

第七十一条 国家宗教事务局和省级人民政府宗教事务部门应当根据国家有关法律、法规和规章，对宗教院校下列事项进行指导和管理：

（一）宗教院校设立、变更、合并、分设和终止的初审或者审批以及章程核准审查；

（二）对宗教院校依法向人民政府宗教事务部门申请审批的事项进行初审或者审批、监督、管理；

（三）指导、监督宗教团体履行支持、指导和管理所设立宗教院校的职责；

（四）组织专家或者委托第三方专业机构对宗教院校的办学水平、效益和教育质量进行评估；

（五）指导宗教院校加强公共课程教学，提升教学质量；

（六）指导宗教院校通过多种途径配齐配强师资力量；

（七）法律、法规和规章规定的其他需要指导和管理的事项。

第七十二条 国家宗教事务局和省级人民政府宗教事务部门根据实际工作需要，可以选派教育督导人员，对宗教院校下列事项开展教育督导工作：

（一）宗教院校依法依规依章程开展教学、研究活动情况；

（二）师生或者群众反映的教育教学热点、难点问题；

（三）严重影响或者损害宗教和睦、社会稳定的突发事件；

（四）严重影响或者损害师生安全和合法权益、教育教学秩序等的突发事件；

（五）国家宗教事务局或者省级人民政府宗教事务部门交办的工作事项落实情况；

（六）宗教院校公共课程的教学情况、教学内容和教学效果。

教育督导人员的聘任和实施教育督导时可行使的权力，参照国家教育督导有关规定执行。

第七十三条 宗教院校的下列事项,应当报设立该院校的宗教团体审核后,由该宗教团体报其业务主管单位审核同意:

(一)调整本院校法定代表人、主要负责人等院校领导成员及董事会、理事会成员,召开董事会或者理事会,修改院校章程或者董事会、理事会章程;

(二)举办重大会议、培训、学术交流和对外交流活动;

(三)开展活动冠以人民政府宗教事务部门作为支持单位、指导单位或者主办单位;

(四)接受国(境)外组织或者个人捐赠宗教书刊、音像制品或者捐赠金额超过十万元;

(五)其他应当由宗教团体报其业务主管单位审核同意的事项。

法律、法规规定应当报人民政府宗教事务部门审批的事项,宗教院校应当依法办理。

第七十四条 宗教院校下列事项,应当及时书面报设立该院校的宗教团体,由该宗教团体书面报其业务主管单位:

(一)工作规划、年度工作计划、年度工作总结、年度财务报告;

(二)大额财务支出、重大资产处置、重大建设工程项目、重大活动安排;

(三)发生安全事故,造成人员伤亡或者财产损失;

(四)院校内部或者院校与其他方面发生矛盾、纠纷,影响本院校工作正常开展;

(五)发生重大违法违规问题;

(六)其他应当由宗教团体书面报其业务主管单位的事项。

特殊情况下,不能及时书面报告的,应当先口头报告。

第八章 法律责任

第七十五条 公职人员在宗教院校管理工作中滥用职权、玩忽职守、徇私舞弊，应当给予处分的，依法给予处分；构成犯罪的，依法追究刑事责任。

第七十六条 擅自设立宗教院校的，按照《宗教事务条例》第六十九条规定予以处罚。

第七十七条 宗教院校违反本办法规定，未依法依章程开展活动，按照《宗教事务条例》第六十五条予以处罚。

第七十八条 宗教院校违反国家有关财务、会计、资产、税收管理规定的，按照《宗教事务条例》第六十七条予以处罚。

第七十九条 宗教团体未履行支持、指导、管理宗教院校相关职责的，人民政府宗教事务部门应当对其主要负责人进行工作约谈；情节严重的，给予通报批评、限期整改。

第八十条 对宗教事务部门的行政行为不服的，可以依法申请行政复议；对行政复议决定不服的，可以依法提起行政诉讼。

第九章 附 则

第八十一条 本办法由国家宗教事务局负责解释。

第八十二条 本办法未尽事宜，按国家有关规定执行。

第八十三条 本办法自2021年9月1日起施行。1998年国家宗教事务局、国家外国专家局、公安部公布的《宗教院校聘用外籍专业人员办法》和2007年国家宗教事务局公布的《宗教院校设立办法》同时废止。

机动车排放召回管理规定

（2021 年 4 月 27 日国家市场监督管理总局、生态环境部令第 40 号公布　自 2021 年 7 月 1 日起施行　国司备字[2021004236]）

第一条　为了规范机动车排放召回工作，保护和改善环境，保障人体健康，根据《中华人民共和国大气污染防治法》等法律、行政法规，制定本规定。

第二条　在中华人民共和国境内开展机动车排放召回及其监督管理，适用本规定。

第三条　本规定所称排放召回，是指机动车生产者采取措施消除机动车排放危害的活动。

本规定所称排放危害，是指因设计、生产缺陷或者不符合规定的环境保护耐久性要求，致使同一批次、型号或者类别的机动车中普遍存在的不符合大气污染物排放国家标准的情形。

第四条　机动车存在排放危害的，其生产者应当实施召回。

进口机动车的进口商，视为本规定所称的机动车生产者。

第五条　国家市场监督管理总局会同生态环境部负责机动车排放召回监督管理工作。

国家市场监督管理总局和生态环境部可以根据工作需要，委托各自的下一级行政机关承担本行政区域内机动车排放召回监督管理有关工作。

国家市场监督管理总局和生态环境部可以委托相关技术机构承担排放召回的技术工作。

第六条　国家市场监督管理总局负责建立机动车排放召回信息系统和监督管理平台，与生态环境部建立信息共享机制，开展信息会商。

第七条 生态环境部负责收集和分析机动车排放检验检测信息、污染控制技术信息和排放投诉举报信息。

设区的市级以上地方生态环境部门应当收集和分析机动车排放检验检测信息、污染控制技术信息和排放投诉举报信息，并将可能与排放危害相关的信息逐级上报至生态环境部。

第八条 机动车生产者应当记录并保存机动车设计、制造、排放检验检测等信息以及机动车初次销售的机动车所有人信息，保存期限不得少于10年。

第九条 机动车生产者应当及时通过机动车排放召回信息系统报告下列信息：

（一）排放零部件的名称和质保期信息；

（二）排放零部件的异常故障维修信息和故障原因分析报告；

（三）与机动车排放有关的维修与远程升级等技术服务通报、公告等信息；

（四）机动车在用符合性检验信息；

（五）与机动车排放有关的诉讼、仲裁等信息；

（六）在中华人民共和国境外实施的机动车排放召回信息；

（七）需要报告的与机动车排放有关的其他信息。

前款规定信息发生变化的，机动车生产者应当自变化之日起20个工作日内重新报告。

第十条 从事机动车销售、租赁、维修活动的经营者（以下统称机动车经营者）应当记录并保存机动车型号、规格、车辆识别代号、数量以及具体的销售、租赁、维修等信息，保存期限不得少于5年。

第十一条 机动车经营者、排放零部件生产者发现机动车可能存在排放危害的，应当向国家市场监督管理总局报告，并通知机动车生产者。

第十二条 机动车生产者发现机动车可能存在排放危害的，应当立即进行调查分析，并向国家市场监督管理总局报告调查分析结果。机动车生产者认为机动车存在排放危害的,应当立即实施召回。

第十三条 国家市场监督管理总局通过车辆测试等途径发现机动车可能存在排放危害的,应当立即书面通知机动车生产者进行调查分析。

机动车生产者收到调查分析通知的,应当立即进行调查分析,并向国家市场监督管理总局报告调查分析结果。生产者认为机动车存在排放危害的,应当立即实施召回。

第十四条 有下列情形之一的,国家市场监督管理总局会同生态环境部可以对机动车生产者进行调查,必要时还可以对排放零部件生产者进行调查:

(一)机动车生产者未按照通知要求进行调查分析,或者调查分析结果不足以证明机动车不存在排放危害的;

(二)机动车造成严重大气污染的;

(三)生态环境部在大气污染防治监督检查中发现机动车可能存在排放危害的。

第十五条 国家市场监督管理总局会同生态环境部进行调查,可以采取下列措施:

(一)进入机动车生产者、经营者以及排放零部件生产者的生产经营场所和机动车集中停放地进行现场调查;

(二)查阅、复制相关资料和记录;

(三)向有关单位和个人询问机动车可能存在排放危害的情况;

(四)委托技术机构开展机动车排放检验检测;

(五)法律、行政法规规定的可以采取的其他措施。

机动车生产者、经营者以及排放零部件生产者应当配合调查。

第十六条 经调查认为机动车存在排放危害的,国家市场监督管理总局应当书面通知机动车生产者实施召回。机动车生产者认为机动车存在排放危害的,应当立即实施召回。

第十七条 机动车生产者认为机动车不存在排放危害的，可以自收到通知之日起15个工作日内向国家市场监督管理总局提出书面异议，并提交证明材料。

国家市场监督管理总局应当会同生态环境部对机动车生产者提交的材料进行审查，必要时可以组织与机动车生产者无利害关系的专家采用论证、检验检测或者鉴定等方式进行认定。

第十八条 机动车生产者既不按照国家市场监督管理总局通知要求实施召回又未在规定期限内提出异议，或者经认定确认机动车存在排放危害的，国家市场监督管理总局应当会同生态环境部书面责令机动车生产者实施召回。

第十九条 机动车生产者认为机动车存在排放危害或者收到责令召回通知书的，应当立即停止生产、进口、销售存在排放危害的机动车。

第二十条 机动车生产者应当制定召回计划，并自认为机动车存在排放危害或者收到责令召回通知书之日起5个工作日内向国家市场监督管理总局提交召回计划。

机动车生产者应当按照召回计划实施召回。确需修改召回计划的，机动车生产者应当自修改之日起5个工作日内重新提交，并说明修改理由。

第二十一条 召回计划应当包括下列内容：

（一）召回的机动车范围、存在的排放危害以及应急措施；

（二）具体的召回措施；

（三）召回的负责机构、联系方式、进度安排等；

（四）需要报告的其他事项。

机动车生产者应当对召回计划的真实性、准确性及召回措施的有效性负责。

第二十二条 机动车生产者应当将召回计划及时通知机动车经营者，并自提交召回计划之日起5个工作日内向社会发布召回信息，自提交召回计划之日起30个工作日内通知机动车所有人，并提供咨询服务。

国家市场监督管理总局应当向社会公示机动车生产者的召回计划。

第二十三条 机动车经营者收到召回计划的,应当立即停止销售、租赁存在排放危害的机动车,配合机动车生产者实施召回。

机动车所有人应当配合生产者实施召回。机动车未完成排放召回的,机动车排放检验机构应当在排放检验检测时提醒机动车所有人。

第二十四条 机动车生产者应当采取修正或者补充标识、修理、更换、退货等措施消除排放危害,并承担机动车消除排放危害的费用。

未消除排放危害的机动车,不得再次销售或者交付使用。

第二十五条 机动车生产者应当自召回实施之日起每3个月通过机动车排放召回信息系统提交召回阶段性报告。国家市场监督管理总局、生态环境部另有要求的,依照其要求。

第二十六条 机动车生产者应当自完成召回计划之日起15个工作日内通过机动车排放召回信息系统提交召回总结报告。

第二十七条 机动车生产者应当保存机动车排放召回记录,保存期限不得少于10年。

第二十八条 国家市场监督管理总局应当会同生态环境部对机动车排放召回实施情况进行监督,必要时可以组织与机动车生产者无利害关系的专家对召回效果进行评估。

发现召回范围不准确、召回措施无法有效消除排放危害的,国家市场监督管理总局应当会同生态环境部通知生产者重新实施召回。

第二十九条 从事机动车排放召回监督管理工作的人员不得将机动车生产者、经营者和排放零部件生产者提供的资料或者专用设备用于其他用途,不得泄露获悉的商业秘密或者个人信息。

第三十条 违反本规定,有下列情形之一的,由市场监督管理部门责令改正，处三万元以下罚款：

（一）机动车生产者、经营者未保存相关信息或者记录的；

（二）机动车生产者、经营者或者排放零部件生产者不配合调查的；

（三）机动车生产者未提交召回计划或者未按照召回计划实施召回的；

（四）机动车生产者未按照要求将召回计划通知机动车经营者或者机动车所有人，或者未向社会发布召回信息的；

（五）机动车经营者收到召回计划后未停止销售、租赁存在排放危害的机动车的；

（六）机动车生产者未提交召回阶段性报告或者召回总结报告的。

第三十一条 机动车生产者依照本规定实施机动车排放召回的，不免除其依法应当承担的其他法律责任。

第三十二条 市场监督管理部门应当将责令召回情况及行政处罚信息记入信用记录，依法向社会公布。

第三十三条 非道路移动机械的排放召回，以及机动车存在除排放危害外其他不合理排放大气污染物情形的，参照本规定执行。

第三十四条 本规定自2021年7月1日起施行。

理财公司理财产品销售管理暂行办法

（2021年5月11日中国银行保险监督管理委员会令2021年第4号公布 自2021年6月27日起施行 国司备字[2021004268]）

第一章 总 则

第一条 根据《中华人民共和国银行业监督管理法》《中华人

民共和国商业银行法》等法律、行政法规,以及《关于规范金融机构资产管理业务的指导意见》《商业银行理财业务监督管理办法》《商业银行理财子公司管理办法》等,制定本办法。

第二条 本办法所称理财业务是指理财公司接受投资者委托,按照与投资者事先约定的投资策略、风险承担和收益分配方式,对受托的投资者财产进行投资和管理的金融服务。

本办法所称理财公司是指在中华人民共和国境内依法设立的商业银行理财子公司,以及中国银行保险监督管理委员会(以下简称银保监会)批准设立的其他主要从事理财业务的非银行金融机构。

本办法所称理财产品是指理财公司按照约定条件和实际投资收益情况向投资者支付收益、不保证本金支付和收益水平的非保本理财产品。

本办法所称理财产品销售包括面向投资者开展的以下部分或全部业务活动:

(一)以展示、介绍、比较单只或多只理财产品部分或全部特征信息并直接或间接提供认购、申购、赎回服务等方式宣传推介理财产品;

(二)提供单只或多只理财产品投资建议;

(三)为投资者办理理财产品认购、申购和赎回;

(四)银保监会认定的其他业务活动。

从事以上部分或全部业务活动的机构为理财产品销售机构。

理财产品销售机构中从事以上部分或全部业务活动的人员为理财产品销售人员。

第三条 理财产品销售机构包括:

(一)销售本公司发行理财产品的理财公司;

(二)接受理财公司委托销售其发行理财产品的代理销售机构,包括其他理财公司,商业银行、农村合作银行、村镇银行、农村信用合作社等吸收公众存款的银行业金融机构,以及银保监会规定的其他机构。

第四条 从事理财产品销售业务活动，应当遵守法律法规、监管规定、合作协议及理财产品销售文件的约定，诚实守信，谨慎勤勉，恪守职业道德和行为规范，向投资者充分披露信息和揭示风险，打破刚性兑付，不得直接或变相宣传、承诺保本保收益，不得损害国家利益、社会公共利益和投资者的合法权益。

理财公司和代理销售机构应当根据法律法规、监管规定和合作协议的约定，合理划分双方权责，共同承担理财产品销售管理责任。

第五条 理财产品销售结算资金属于理财产品投资者，理财产品销售机构、提供理财产品销售结算资金划转结算等服务的机构不得将理财产品销售结算资金归入自有资产。禁止任何单位或者个人以任何形式挪用理财产品销售结算资金。理财产品销售机构、提供理财产品销售结算资金划转结算等服务的机构因依法解散、被依法撤销或者被依法宣告破产等原因进行清算的，理财产品销售结算资金不属于其清算财产。

理财产品销售机构、提供理财产品销售结算资金划转结算等服务的机构应当按照法律、行政法规以及银保监会的相关规定，存放和管理理财产品销售结算资金。

第六条 银保监会及其派出机构依据法律、行政法规和本办法的规定，对理财产品销售业务活动实施监督管理。

第二章 理财产品销售机构

第七条 理财产品销售机构从事理财产品销售业务活动，应当持续具备下列条件：

（一）财务状况良好，运作规范稳定；

（二）具备与独立开展理财产品销售业务活动相适应的自有渠道（含营业网点或电子渠道）、信息系统等设施和销售流程自主管控能力;具备安全、高效的办理理财产品认(申)购和赎回等业务的技术设施和销售系统;代理销售机构与理财公司实施信息系统联网,能够满足数据传输需要;

(三)具备安全可靠的理财产品销售数据保障能力、管理机制和配套设施,能够持续满足理财产品销售和交易行为记录、保存、回溯检查的需要;能够持续满足在全国银行业理财信息登记系统登记以及银保监会及其派出机构实施非现场监管、现场检查等的数据需要;

(四)具备完善的防火墙、入侵检测、数据加密以及灾难恢复等信息安全管理体系和设施;

(五)具备完善的理财产品销售投资者适当性管理、投资者权益保护、销售人员执业操守、应急处理等制度,以及满足理财产品销售管理需要的组织体系、操作流程和监测机制;

(六)具备完善的理财产品销售结算资金管理制度;

(七)具备完善的反洗钱、反恐怖融资及非居民金融账户涉税信息尽职调查内部控制制度;

(八)主要监管指标符合金融监督管理部门的规定;

(九)银保监会规定的其他条件。

第八条 未经金融监督管理部门许可,任何非金融机构和个人不得代理销售理财产品。

理财产品销售机构不得以理财名义或使用“理财”字样开展其他金融产品销售业务活动。

第九条 理财公司应当对拟委托销售的本公司理财产品建立适合性调查、评估和审批制度,审慎选择代理销售机构,切实履行对代理销售机构的管理责任。理财公司应当对代理销售机构理财产品销售业务活动情况至少每年开展一次规范性评估。

理财公司开展规范性评估,需要调阅理财产品销售录音录像、交易记录以及相关制度文件等资料的,代理销售机构应当予以配合。代理销售机构应当按照法律、法规以及合作协议约定,及时、准确向理财公司提供理财产品销售相关的数据、信息和资料等。

第十条 理财公司应当对代理销售机构的条件要求、专业服务能力和风险管理水平等开展尽职调查,实行专门的名单制管理,明确规定准入标准和程序、责任与义务、存续期管理、利益冲突防范机制、信息披露义务及退出机制等。代理销售机构的名单应当至少由理财公司高级管理层批准并定期评估,并根据实际情况对名单及时调整。理财公司不得因其他机构代理销售而免除自身应当承担的责任。

第十一条 代理销售机构总部和理财公司应当以书面形式签订代理销售合作协议,至少包括以下内容:

(一)理财公司对拟委托销售理财产品和本公司制订的宣传销售文本出具的合规性承诺;

(二)双方在风险承担、信息披露、风险揭示、客户信息传递及信息保密、投诉处理、应急处置、业务中止及后续服务安排等方面的责任和义务;

(三)双方业务管理系统职责边界和运营服务接口;

(四)理财产品投资者敏感信息等资料的保存权限、责任和方式;

(五)反洗钱、反恐怖融资及非居民金融账户涉税信息尽职调查义务履行及责任划分;

(六)双方就在理财产品销售过程中违反投资者适当性管理的行为,各自应当依法承担的法律责任;

(七)理财产品销售信息交换及资金交收权利义务;

(八)代理销售机构和理财公司暂停或中止合作的触发条件及程序;

(九)代理销售机构承诺配合理财公司接受银保监会及其派出机构针对理财产品销售业务活动实施的非现场监管、现场检查等,并完整、准确、及时提供相关数据、信息和资料等;

(十)代理销售机构承诺依据本办法规定接受理财公司对理财

产品销售业务活动定期开展的规范性评估，完整、准确、及时向理财公司提供理财产品销售相关资料。

第十二条 理财公司与代理销售机构合作，理财公司与代理销售机构应当在代理销售合作协议签订10个工作日内，至少通过本公司、代理销售机构的官方渠道予以公告。理财公司与代理销售机构应当于每年度结束后2个月内分别向银保监会或其派出机构报告本机构理财产品销售合作情况年度报告。

第十三条 代理销售机构总部应当对拟销售的理财产品开展尽职调查，并承担审批职责，纳入本机构统一专门名单管理，不得仅以理财公司相关产品资料或其出具意见作为审批依据；通过分支机构销售的，应当以书面形式对分支机构进行明确授权，载明该分支机构可销售的理财产品范围。

第十四条 代理销售机构不符合本办法第七条规定条件的，或代理销售机构未按规定接受理财公司对理财产品销售业务活动定期规范性评估的，理财公司应当按照代理销售合作协议约定暂停或中止与代理销售机构的业务合作，并在5个工作日内至少通过本公司、代理销售机构的官方渠道予以公告。

理财公司发现代理销售机构存在本办法第二十五条规定的禁止行为或认定代理销售机构销售行为严重损害投资者合法权益的，应当及时予以纠正。代理销售机构未采取有效纠正措施的，理财公司应当按照代理销售合作协议约定中止与代理销售机构的部分或全部业务合作，并在5个工作日内至少通过本公司、代理销售机构的官方渠道予以公告。

代理销售机构不得因业务暂停或中止而弱化、减免本机构应当承担的责任。代理销售机构不得将接受委托销售的理财产品直接或间接委托给其他机构销售，银保监会另有规定的除外。

第三章 风险管理与内部控制

第十五条 理财产品销售机构应当具备并有效执行理财产品

销售业务制度,制定与本机构发展战略相适应的产品准入、风险管理与内部控制、投资者适当性管理、业务操作、资金清算、客户服务、信息披露、合作机构管理、人员及行为管理、投诉和应急处理、保密管理等制度,及时评估和完善相关制度,确保制度有效性。

第十六条 理财产品销售机构董事会负责审核批准理财产品销售重要策略、制度和程序;高级管理层负责根据董事会批准的理财产品销售策略、制度和程序,对理财产品销售业务风险进行管理,制定并监督执行有关投资者权益保护与内部控制制度,向董事会定期报告理财产品销售总体情况、重大事项及潜在风险,确保风险管理的有效性。

第十七条 理财产品销售机构应当指定专门部门和人员负责对理财产品销售业务活动的合法合规性进行审查、监督和检查,并确保该部门和人员独立、有效履行职责。该部门人员不得兼任经营管理等与岗位职责存在利益冲突的职务。

该部门应当对理财产品销售准入、产品合规及风险评估的标准和流程等销售业务内部制度以及新销售产品、新业务方案等进行合规审查,并出具合规审查意见。

该部门发现本机构存在与理财产品销售相关的重大风险或违法违规行为,应当提出处理意见,并督促整改。理财产品销售机构应当就重大风险或违法违规行为及时向银保监会或其派出机构报告,并视情况告知相关合作机构。

第十八条 理财产品销售机构应当对拟向特定对象销售的理财产品实施专门的尽职调查和风险评估,充分了解拟销售产品的投资方向、策略、风险以及投资者适当性要求等,出具专项合规意见并留存备查。

第十九条 理财产品销售机构应当对分支机构从事理财产品销售业务活动实行统一管理,不得通过与他人合资、合作经营管理分支机构,或将分支机构承包或者委托给他人等方式开展理财产品销售业务。

第二十条 理财产品销售机构应当建立健全业务范围管控制度,审慎评估理财产品销售业务与其依法开展或拟开展的其他业务之间可能存在的利益冲突,建立严格的利益冲突防范机制并确保有效实施。

第二十一条 理财产品销售机构应当加强信息科技风险管理,建立网络安全监测和应急响应体系,保障网络和信息系统安全可靠、可持续服务。理财产品销售机构应当采取可靠的技术措施,确保客户信息安全。

理财产品销售机构应当充分利用科技手段,加强对伪冒网站、伪冒产品等监测,有效防范各类欺诈风险。

理财公司委托代理销售机构销售理财产品的,代理销售机构和理财公司应当建立联防联控的反欺诈体系,共同承担反欺诈的责任。

第二十二条 理财产品销售机构应当完整记录和保存销售业务活动信息,确保记录信息全面、准确和不可篡改,并持续满足银保监会及其派出机构依法实施信息采集、核查、取证等监管行为的要求。记录信息应当至少包括:投资者身份证明资料、宣传销售文本、产品风险及其他关键信息提示、交易记录与确认信息等。

第二十三条 理财产品销售机构应当建立健全档案管理制度,妥善保管投资者理财产品销售相关资料,保管年限不得低于20年。

第二十四条 理财产品销售机构及其分支机构的理财产品销售部门负责人以及承担本办法第十七条规定职责的部门负责人离任的,应当进行审计。

第四章 理财产品销售管理

第二十五条 理财产品销售机构及其销售人员从事理财产品销售业务活动,不得有下列情形:

（一）误导投资者购买与其风险承受能力不相匹配的理财产品；

（二）虚假宣传、片面或者不当宣传，夸大过往业绩，预测理财产品的投资业绩，或者出具、宣传理财产品预期收益率；

（三）使用未说明选择原因、测算依据或计算方法的业绩比较基准，单独或突出使用绝对数值、区间数值展示业绩比较基准；

（四）将销售的理财产品与存款或其他产品进行混同；

（五）在理财产品销售过程中强制捆绑、搭售其他服务或产品；

（六）提供抽奖、回扣、馈赠实物、代金权益及金融产品等销售理财产品；

（七）违背投资者利益优先原则，为谋取机构或人员的利益，诱导投资者进行短期、频繁购买和赎回操作；

（八）由销售人员违规代替投资者签署销售业务相关文件，或者代替投资者进行风险承受能力评估、理财产品购买等操作，代替投资者持有或安排他人代替投资者持有本机构销售的理财产品；

（九）为理财产品提供直接或间接、显性或隐性担保，包括部分或全部承诺本金或收益保障；

（十）利用或者承诺利用理财产品和理财产品销售业务进行利益输送或利益交换；

（十一）给予、收取或索要理财产品销售合作协议约定以外的利益；

（十二）恶意诋毁、贬低其他理财产品销售机构或者其他理财产品；

（十三）截留、挪用理财产品销售结算资金；

（十四）违法违规提供理财产品投资者相关信息；

（十五）未经授权或超越授权范围开展销售业务，私自推介、销售未经本机构审批的理财产品，通过营业网点或电子渠道提供未经本机构审批的理财产品销售相关文件和资料；

（十六）未按规定或者协议约定的时间发行理财产品，或者擅自变更理财产品的发行日期；

（十七）在全国银行业理财信息登记系统对理财产品进行登记并获得登记编码前，办理理财产品销售业务，发布理财产品宣传推介材料；

（十八）银保监会规定禁止的其他情形。

第二十六条 理财产品销售机构通过营业网点向非机构投资者销售理财产品的，应当按照银保监会的相关规定实施理财产品销售专区管理，面向投资者严格有效区分理财产品与其他金融产品。理财产品销售机构应当在销售专区内对每只理财产品销售过程进行录音录像，销售专区应当具有明显标识。

除非与非机构投资者当面书面约定，评级为四级以上理财产品销售，应当在营业网点进行。

理财产品销售机构通过电子渠道向非机构投资者销售理财产品的，应当积极采取有效措施和技术手段完整客观记录营销推介、产品风险和关键信息提示、投资者确认和反馈等重点销售环节，确保能够满足回溯检查和核查取证的需要。理财产品销售机构进行上述记录行为的，应当征得投资者同意，否则不得向其销售理财产品。

第二十七条 理财产品宣传销售文本包括宣传推介材料和销售文件。

宣传推介材料是指理财产品销售机构为宣传推介理财产品向投资者分发或者发布，使投资者可以获得的文字、图片、音频、视频以及其他形式的信息。

销售文件包括理财产品投资协议书、销售（代理销售）协议书、理财产品说明书、风险揭示书、投资者权益须知等，应当严谨清晰界定理财公司、代理销售机构以及投资者之间关于投资和销售等权责关系；经投资者签字确认的销售文件，理财产品销售机构和投资者双方均应留存。

第二十八条 理财公司应当对本公司理财产品的全部宣传推

介材料内容承担管理责任。

未经理财公司授权和审核同意,代理销售机构不得擅自设计、修改、增减任何理财公司理财产品宣传推介材料的文字、数据、公式、表格、示意图等内容信息要素,不得制作分发。

第二十九条 理财公司应当统一编制本公司理财产品投资协议书和理财产品说明书。代理销售机构可以接受理财公司委托编制代理销售协议书、风险揭示书、投资者权益须知等销售文件,并应当对其编制的销售文件进行合规性审核,使用前向理财公司备案。

理财产品销售文件应当载明理财产品销售机构和托管机构的基本信息和主要职责等。

第三十条 理财公司、代理销售机构应当设置科学合理的理财产品风险评级的方式和方法,根据理财产品的投资组合、同类产品过往业绩和风险状况等因素,对理财产品进行评级。理财产品风险评级结果应当以风险等级体现,由低到高至少包括一级至五级,并可以根据实际情况进一步细分。

理财公司应当对本公司发行的理财产品进行产品评级,代理销售机构应当根据本机构的方式和方法,独立、审慎地对代理销售的理财产品进行销售评级,并向理财公司及时、准确提供本机构销售评级结果等信息。

销售评级与理财公司产品评级结果不一致的,代理销售机构应当采用对应较高风险等级的评级结果并予以披露。理财公司应当在宣传销售文本等材料和理财产品登记信息中标明“该产品通过代理销售机构渠道销售的,理财产品评级应当以代理销售机构最终披露的评级结果为准”。

第三十一条 理财产品销售机构应当对非机构投资者的风险承受能力进行评估,制定投资者风险承受能力评估书,确定投资者风险承受能力等级,建立将投资者和理财产品进行匹配的方法。风险承受能力评估依据至少应当包括投资者年龄、财务状况、投资经验、投资目的、收益期望、风险偏好、流动性要求、风险认识及风险损失承受程度等。

理财产品销售机构应当定期或不定期地在本机构营业场所(含电子渠道)对非机构投资者进行风险承受能力持续评估,确保投资者风险承受能力评估的客观性、及时性和有效性。

超过一年未进行风险承受能力评估或发生可能影响自身风险承受能力情况的非机构投资者,再次购买理财产品时,应当在理财产品销售机构营业场所(含电子渠道)完成风险承受能力评估,评估结果应当由投资者签字确认。

理财公司委托代理销售机构销售理财产品的,代理销售机构应当将投资者风险承受能力评估结果以及投资者与理财产品进行匹配的方法,及时、准确提供给理财公司。

第三十二条 理财产品销售机构应当根据反洗钱、反恐怖融资及非居民金融账户涉税信息尽职调查等相关法律法规要求识别客户身份。

代理销售机构应当配合理财公司开展反洗钱、反恐怖融资及非居民金融账户涉税信息尽职调查等工作,并向理财公司提供投资者身份信息及法律法规规定的其他信息。

第三十三条 理财产品销售机构应当充分了解面向特定对象销售的理财产品的投资者信息,收集、核验投资者金融资产证明、收入证明或纳税凭证等材料,对非机构投资者风险识别能力和风险承受能力进行持续评估,并要求投资者承诺投资资金为自有资金。

理财产品销售机构应当完善合格投资者尽职调查流程并履行投资者签字确认程序,包括但不限于:合格投资者确认、投资者适当性匹配、风险揭示、自有资金投资承诺。

理财产品销售机构不得向不特定社会公众销售私募理财产品。

第三十四条 理财产品销售协议生效后,理财产品销售机构应当按照法律、行政法规、监管规定和理财产品投资协议、销售协议的约定,办理理财产品的认(申)购、赎回,不得擅自拒绝接受投资者的认(申)购、赎回申请。理财公司暂停或者开放认(申)购、赎回等业务的,应当按照相关规定和投资协议、销售协议约定说明具体原因和依据。

第三十五条 投资者认(申)购理财产品必须全额交付认(申)购款项,银保监会另有规定的除外;投资者按规定提交认(申)购申请并全额交付款项的,认(申)购申请成立;认(申)购申请是否生效以理财公司发出的确认信息为准。

第三十六条 理财产品销售机构应当通过投资者指定的银行账户办理理财产品认(申)购和赎回的款项收付,制作、留存款项收付的有效凭证。

理财公司委托代理销售机构销售理财产品的,代理销售机构应当至少每日向理财公司提供销售明细和相关有效凭证信息。

第三十七条 理财产品销售机构应当按照法律法规规定、理财产品销售协议约定归集、划转理财产品销售结算资金,确保理财产品销售结算资金安全、及时划付,并将赎回、分红及认(申)购不成功的相应款项划入投资者认(申)购时使用的银行账户。

理财公司委托代理销售机构销售理财产品的,理财公司应当至少每日与代理销售机构进行对账,确保销售结算资金的安全性和双方客户交易明细的一致性。

提供理财产品销售结算资金划转结算等服务的机构应当建立与理财公司的对账机制,复核、审查理财产品销售结算资金的交易情况。

第三十八条 理财产品销售机构应当按照法律法规、监管规定、理财产品投资协议书、理财产品说明书、理财产品销售(代理销售)协议书等的约定收取销售费用,并如实核算、记账;未经载明,不得对不同投资者适用不同费率。

理财公司根据相关法律和国家政策规定,需要对已约定的收费项目、条件、标准和方式进行调整时,应当按照有关规定进行信息披露后方可调整;投资者不接受的,应当允许投资者按照销售协议的约定提前赎回理财产品。

第三十九条 理财产品销售机构应当做好投资者持续信息服务,包括但不限于以下方面:

(一)及时向投资者告知认(申)购、赎回理财产品的确认日期、确认份额和金额等信息;

(二)定期向投资者提供其所持有的理财产品基本信息,及时向投资者告知对其决策有重大影响的信息。

理财公司应当及时将上述信息提供给理财产品销售机构。理财产品销售机构应当做好信息传递工作,通过与投资者约定的方式向投资者提供前述信息。

第四十条 理财公司应当通过本公司和代理销售机构官方渠道、行业统一信息披露渠道或与投资者约定的其他渠道披露全部在售及存续的理财产品相关信息,并保证投资者能够按照销售协议约定的时间和方式及时获取披露信息。

理财公司委托代理销售机构销售理财产品的,双方应当按照法律、行政法规、监管规定及合作协议约定,确认信息披露义务人,真实、准确、完整进行信息披露。

第四十一条 理财产品销售机构销售关联方管理的面向特定对象销售的理财产品,应当建立健全关联方产品销售管理制度,在风险揭示书的醒目位置向投资者披露关联方及关联关系,揭示关联关系可能产生的不利影响和投资风险,并由投资者签字确认。

第五章 销售人员管理

第四十二条 理财产品销售机构应当建立健全理财产品销售人员的上岗资格、持续培训、信息公示与查询核实等制度,确保理财产品销售人员具备必要的专业知识、行业经验和管理能力,熟悉相关法律、行政法规、监管规定，充分了解理财产品的法律关系、交易结构、主要风险及风险管控方式，遵守行为准则和职业道德标准。

理财产品销售机构应当承担本机构理财产品销售人员管理的主体责任，加强对本机构理财产品销售人员行为的持续监督和排查，严格防范私自销售。

第四十三条 理财产品销售人员应当至少具备下列条件：

（一）具有完全民事行为能力；

（二）具有高中以上文化程度；

（三）从事金融工作 1 年以上；

（四）具备良好的诚信记录及职业操守；

（五）熟悉理财业务活动及理财产品销售相关的法律法规；

（六）银保监会规定的其他条件。

未经理财产品销售机构进行上岗资格认定并签订劳动合同，任何人员不得从事理财产品销售业务活动，银保监会另有规定的除外。

第四十四条 理财产品销售机构应当有效执行理财产品销售人员的持续培训制度，通过内外部培训、考核等方式，确保销售人员熟悉理财产品销售政策法规及理财产品业务知识，具备与理财产品销售相匹配的专业技能。

理财产品销售机构应当对理财产品销售人员培训情况进行记录并存档。每个销售人员每年接受本机构组织或认可的培训时间不得少于 20 小时。

第四十五条 理财产品销售机构应当在营业网点和电子渠道显著位置对理财产品销售人员信息进行公示。

理财产品销售人员在向投资者宣传销售理财产品前，应当进行自我介绍并告知理财产品销售人员信息查询和核实渠道，尊重投资者意愿，不得在投资者不愿或不便的情况下进行宣传销售。

第六章　投资者合法权益保护

第四十六条　理财产品销售机构应当建立健全投资者权益保护管理体系，严格实施事前协调、事中管控和事后监督，持续加强投资者适当性管理，确保理财产品销售业务活动各环节有效落实投资者权益保护。

第四十七条　理财产品销售机构在销售产品过程中，应当对投资者身份信息的真实性进行验证。结合非机构投资者年龄、地区和行业背景，充分了解投资者基本信息、收入来源、财务状况、投资经验、投资目标和风险偏好等，严谨客观实施风险承受能力评估，审慎使用评估结果。根据投资者的风险承受能力销售不同风险等级的产品，把合适的理财产品销售给合适的投资者。

第四十八条　理财产品销售机构应当要求投资者真实提供信息，自主作出认（申）购和赎回等决定，独立对销售文件进行签字确认，自主承担投资风险。投资者拒绝提供或者未按照要求提供信息的，理财产品销售机构应当告知投资者相应的后果及责任，并可拒绝向其提供销售服务。

第四十九条　理财产品销售文件应当包含风险揭示书的专页，风险揭示书应当使用通俗易懂的语言，并至少包含以下内容：

（一）在醒目位置提示投资者，“理财非存款、产品有风险、投资须谨慎”；

（二）提示投资者，“如影响您风险承受能力的因素发生变化，请及时完成风险承受能力评估”；

（三）提示投资者注意投资风险，仔细阅读理财产品销售文件，了解理财产品具体情况；

（四）本理财产品类型、期限、评级结果、适合购买的投资者，并配以示例说明最不利投资情形下的投资结果；

（五）理财产品的风险揭示应当至少包含本理财产品不保证本

金和收益，并根据理财产品评级结果提示投资者可能会因市场变动而蒙受损失的程度，以及需要充分认识投资风险，谨慎投资等；

（六）投资者风险承受能力评估结果，由投资者填写；

（七）投资者风险确认语句抄录，包括确认语句栏和签字栏，确认语句栏应当完整载明的风险确认语句“本人已经阅读风险揭示，愿意承担投资风险”，并在此语句下预留足够空间供投资者完整抄录和签字确认。

第五十条 理财产品销售机构收集、使用个人信息，应当按照法律法规规定，遵循正当、必要的原则，保证信息采集、处理及使用的安全性和合法性。未经客户专门授权，不得将客户个人信息及相关理财产品销售信息提供其他第三方机构和个人，法律、行政法规和银保监会另有规定的除外。

第五十一条 理财公司和代理销售机构应当建立有效的理财产品销售业务投资者投诉处理机制，明确受理和处理投资者投诉的途径、程序和方式。

理财公司和代理销售机构应当根据法律、行政法规、监管规定和协议约定，明确划分双方责任和义务，及时、妥善处理投资者投诉。

因电子渠道销售业务产生投诉纠纷的，理财产品销售机构应当在处理过程中提供投资者交易记录和确认信息等。因机构自身原因不能提供交易记录等历史信息的，应当按照有利于投资者的原则处理投资者诉求。

第五十二条 理财公司和代理销售机构应当至少每半年开展一次投资者投诉处理情况自查和投资者权益保护工作评估，形成报告留存备查。理财公司和代理销售机构的高级管理层应当定期审议投资者投诉及权益保护工作情况，审视业务风险并督促整改，持续完善内控制度。

第七章 监督管理与法律责任

第五十三条 理财产品销售机构应当按照规定，定期向银保监会或其派出机构报送与理财产品销售有关的统计报表和相关报告等，并确保报送信息的真实性、准确性、完整性和及时性。

第五十四条 理财公司与代理销售机构合作，理财公司应当按照登记要求，向全国银行业理财信息登记系统登记，并提交如下材料：

（一）在代理销售合作协议签订10个工作日内，提交与代理销售机构签订的协议文本；对代理销售机构的尽职调查情况，包括信息系统、财务管理等内控制度情况、合规风控管理和投资者权益保护机制等；银保监会规定的其他材料。

（二）在确定委托代理销售机构所销售理财产品后3个工作日内，提交相关理财产品名称及全国银行业理财信息登记编码目录。

上述登记信息发生变更的，理财公司应当自变化发生之日起3个工作日内办理变更登记。理财公司应当确保登记信息真实、准确和完整。

第五十五条 提供理财产品销售结算资金划转结算等服务的机构应当将理财产品销售结算资金的交易情况及时向全国银行业理财信息登记系统进行登记和更新，确保登记信息真实、准确和完整。

第五十六条 理财产品销售机构应当在全国银行业理财信息登记系统登记本机构理财产品销售人员信息并及时更新，确保登记信息真实、准确和完整。

第五十七条 银保监会及其派出机构应当对理财产品销售业务活动及其相关数据信息和资料报送进行现场检查。

第五十八条 银保监会及其派出机构应当基于非现场监管和现场检查情况，定期对理财产品销售业务活动进行评估。

第五十九条 理财产品销售机构违反本办法规定从事理财产品销售业务活动的，应当根据银保监会及其派出机构提出的整改要求，在规定的时限内提交整改方案并采取整改措施。

第六十条 对于在规定的时限内未能采取有效整改措施的理财产品销售机构，或者其行为严重危及理财业务稳健运行、损害投资者合法权益的，银保监会及其派出机构有权依照法律法规采取监管措施。

第六十一条 理财产品销售机构从事理财产品销售业务活动，有下列情形之一的，由银保监会及其派出机构依照法律法规予以处罚：

（一）提供虚假的或者隐瞒重要事实的报表、报告等文件、资料的；

（二）未按照规定进行风险揭示或者信息披露的；

（三）误导投资者购买与其风险承受能力不相匹配的理财产品的；

（四）截留、挪用理财产品销售结算资金的；

（五）未按照本办法要求建立风险管理制度和相关信息系统，或者风险管理制度落实不到位、存在重大风险隐患或者引发较大风险事件的；

（六）违法违规提供与理财产品持有人、理财产品投资运作相关非公开信息的；

（七）拒绝执行本办法第六十条规定的措施的；

（八）严重违反本办法规定的其他情形。

第六十二条 理财公司与不具备本办法第七条规定条件的机构合作开办理财产品销售业务活动，以及代理销售机构直接或间接委托其他机构销售理财产品的，由银保监会及其派出机构依照法律法规予以处罚。

理财公司未按照本办法要求对代理销售机构开展规范性评估，有效履行管理职责的，由银保监会及其派出机构依照法律法规予以处罚。

第六十三条 理财产品销售机构从事理财产品销售业务活动，未按照规定向银保监会及其派出机构报告或者报送有关文件、资料的，由银保监会及其派出机构责令改正，逾期不改正的，由银保监会及其派出机构依照法律法规予以处罚。

第六十四条 理财产品销售机构从事理财产品销售业务活动，违反有关法律、行政法规以及国家有关银行业监督管理规定的，银保监会及其派出机构除依照本办法第六十一条至第六十三条规定处罚外，还可以依照法律法规对直接负责的董事、高级管理人员和其他直接责任人员进行处理；涉嫌犯罪的，依法移送司法机关处理。

第六十五条 银保监会认可的自律组织可以依据法律法规和自律规则，对其成员从事的理财产品销售业务活动进行自律管理。

第八章　附　则

第六十六条 理财产品销售机构应当遵守法律、行政法规以及《关于规范金融机构资产管理业务的指导意见》《商业银行理财业务监督管理办法》《商业银行理财子公司管理办法》《关于规范商业银行代理销售业务的通知》《银行业金融机构销售专区录音录像管理暂行规定》等有关理财产品销售的规定，本办法另有规定的除外。

其他银行业金融机构理财产品的销售业务活动参照执行本办法。

第六十七条 本办法中“以上”均含本数。

第六十八条 本办法由银保监会负责解释。

第六十九条 本办法自2021年6月27日起施行。本办法施行前的理财产品销售业务活动不符合本办法相关要求的，理财公司与代理销售机构应当在本办法施行之日起6个月内完成整改。

银行保险机构董事监事履职评价办法（试行）

（2021年5月20日中国银行保险监督管理委员会令2021年第5号公布　自2021年7月1日起施行　国司备字［2021004246］）

第一章　总　　则

第一条　为健全银行保险机构公司治理，规范董事监事履职行为，促进银行业保险业稳健可持续发展，根据《中华人民共和国公司法》《中华人民共和国商业银行法》《中华人民共和国银行业监督管理法》《中华人民共和国保险法》等法律法规，制定本办法。

第二条　本办法所称银行保险机构，是指在中华人民共和国境内依法设立的商业银行、保险公司。

第三条　本办法所称董事监事履职评价是指银行保险机构依照法律法规和监管规定，对本机构董事和监事的履职情况开展评价的行为。

第四条　银行保险机构监事会对本机构董事监事履职评价工作承担最终责任。

董事会、高级管理层应当支持和配合董事监事履职评价相关工作，对自身提供材料的真实性、准确性、完整性和及时性负责。

第五条　中国银行保险监督管理委员会（以下简称中国银保监会）及其派出机构依法对银行保险机构董事监事履职评价工作进行监督管理，并将董事监事履职评价情况纳入公司治理监管评估。

第六条　董事监事履职评价应当遵循依法合规、客观公正、标准统一、科学有效、问责严格的原则。

第二章 评价内容

第一节 基本职责

第七条 董事监事应当充分了解自身的权利、义务和责任，严格按照法律法规、监管规定及公司章程要求，忠实、勤勉地履行其诚信受托义务及作出的承诺，服务于银行保险机构和全体股东的最佳利益，维护利益相关者的合法权益。

第八条 董事监事应当具备良好的品行、声誉和守法合规记录，遵守高标准的职业道德准则，具备与所任职务匹配的知识、经验、能力和精力，保持履职所需要的独立性、个人及家庭财务的稳健性。

董事监事不得在履职过程中接受不正当利益，不得利用职务、地位谋取私利或侵占银行保险机构财产，不得为股东利益损害银行保险机构利益，不得损害利益相关者合法权益。

第九条 董事监事任职前应当书面签署尽职承诺，保证严格保守银行保险机构秘密，有足够的时间和精力履行职责。董事监事应当恪守承诺。

第十条 董事监事应当如实告知银行保险机构自身本职、兼职情况，确保任职情况符合监管要求，并且与银行保险机构不存在利益冲突。

第十一条 董事监事应当按照相关规定，及时向董事会、监事会报告关联关系、一致行动关系及变动情况。董事监事应当严格遵守关联交易和履职回避相关规定。

第十二条 董事监事在履行职责时，特别是在决策可能对不同股东造成不同影响的事项时，应当坚持公平原则。董事监事发现股东、其他单位、个人对银行保险机构进行不当干预或限制的，应当主动向董事会、监事会报告或向监管部门反映。

第十三条　董事监事应当持续了解银行保险机构公司治理、战略管理、经营投资、风险管理、内控合规、财务会计等情况，依法合规参会议事、提出意见建议和行使表决权，对职责范围内的事项做出独立、专业、客观的判断，提升董事会决策和监事会监督质效，推动和监督股东(大)会、董事会、监事会决议落实到位。

董事监事应当主动关注监管部门、市场中介机构、媒体和社会公众对银行保险机构的评价，持续跟进监管部门发现问题的整改问责情况。

第十四条　独立董事、外部监事每年在银行保险机构工作的时间不得少于15个工作日。

董事会风险管理委员会、审计委员会、关联交易控制委员会主任委员每年在银行保险机构工作的时间不得少于20个工作日。

第十五条　董事监事每年应当亲自出席三分之二以上的董事会、监事会现场会议。因故不能出席的，应当书面委托其他董事监事代为出席，委托书中应当载明董事监事本人对议案的个人意见和表决意向；独立董事不得委托非独立董事代为出席。

前款所称现场会议，是指通过现场、视频、电话等能够保证参会人员即时交流讨论的方式召开的会议。

第十六条　董事监事任期届满未及时改选、董事在任期内辞职导致董事会成员低于法定人数或者公司章程规定人数的三分之二、监事在任期内辞职导致监事会成员低于法定人数的，在改选出的董事监事就任前，原董事监事仍应当依照法律法规、监管规定及公司章程的规定，履行董事监事职责。独立董事在任期内辞职导致董事会中独立董事人数占比少于三分之一的，在新的独立董事就任前，该独立董事应当继续履职，因丧失独立性而辞职和被罢免的除外。

第十七条　董事监事应当不断提升履职所必需的专业知识和基本素质，了解掌握与银行保险机构经营管理相关的法律法规和监管规定，积极参加监管部门、行业协会和银行保险机构等组织的培训，不断提升履职能力和水平。

第十八条 董事会、监事会专门委员会成员应当持续关注专门委员会职责范围内的相关事项，及时提出专业意见，提请专门委员会关注或审议。担任专门委员会主任委员的董事监事，应当及时组织召开专门委员会会议并形成集体意见提交董事会、监事会。

第十九条 国有银行保险机构应当积极推动党的领导与公司治理有机融合。担任党委成员的董事监事，应当在决策和监督过程中严格落实党组织决定，促进党委会与董事会、监事会之间的信息沟通，确保党组织的领导核心作用得到发挥。

第二十条 董事长、监事会主席应当领导银行保险机构加强董事会、监事会建设，切实提升董事会、监事会运行质效。

董事长、监事会主席除履行董事监事一般职责外，还应当按照法律法规、监管规定及公司章程履行其职务所要求的其他职责。

第二十一条 执行董事应当充分发挥自身特点和优势，维护董事会在战略决策中的核心地位，支持配合监事会的监督工作，确保董事会职责范围内的事项及时提交董事会审议，落实高级管理层向董事会报告制度，支持董事会其他成员充分了解银行保险机构经营管理和风险信息，推动董事会决议的有效执行和及时反馈。

第二十二条 独立董事、外部监事在决策和监督过程中，应不受主要股东、高级管理人员以及其他与银行保险机构存在利害关系的单位和个人的影响，注重维护中小股东与其他利益相关者合法权益。独立董事对股东（大）会、董事会讨论事项，尤其是重大关联交易、利润分配、董事的提名任免、高级管理人员的聘任和解聘以及薪酬等可能存在利益冲突的事项，发表客观、公正的独立意见。

第二十三条 职工董事、职工监事应当积极发挥自身对经营管理较为熟悉的优势，从银行保险机构的长远利益出发，推动董事会、监事会更好地开展工作。职工董事、职工监事应当就涉及职工切身利益的规章制度或者重大事项，听取职工的意见和建议，在董事会、监事会上真实、准确、全面地反映，切实维护职工合法权益。

职工董事、职工监事应当定期向职工（代表）大会述职和报告工作，主动接受广大职工的监督，在董事会、监事会会议上，对职工（代表）大会作出决议的事项，应当按照职工（代表）大会的相关决议发表意见，并行使表决权。

第二节 评价维度和重点

第二十四条 董事监事履职评价应当至少包括履行忠实义务、履行勤勉义务、履职专业性、履职独立性与道德水准、履职合规性五个维度。

履行忠实义务包括但不限于董事监事能够以银行保险机构的最佳利益行事，严格保守银行保险机构秘密，高度关注可能损害银行保险机构利益的事项，及时向董事会、监事会报告并推动问题纠正等。

履行勤勉义务包括但不限于董事监事能够投入足够的时间和精力参与银行保险机构事务，及时了解经营管理和风险状况，按要求出席董事会及其专门委员会、监事会及其专门委员会会议，对提交董事会、监事会审议的事项认真研究并作出审慎判断等。

履职专业性包括但不限于董事监事能够持续提升自身专业水平，立足董事会、监事会职责定位，结合自身的专业知识、从业经历和工作经验，研究提出科学合理的意见建议，推动董事会科学决策、监事会有效监督等。

履职独立性与道德水准包括但不限于董事监事能够坚持高标准的职业道德准则，不受主要股东和内部人控制或干预，独立自主地履行职责，推动银行保险机构公平对待全体股东、维护利益相关者的合法权益、积极履行社会责任等。

履职合规性包括但不限于董事监事能够遵守法律法规、监管规定及公司章程，持续规范自身履职行为，依法合规履行相应的职责，推动和监督银行保险机构守法合规经营等。

第二十五条 银行保险机构应结合董事类型特点及其在董事会专门委员会中的任职情况，从不同维度重点关注董事在下列事项中的工作表现：

（一）制定并推动实施战略规划、年度经营计划；

（二）制定和推动执行风险管理策略、风险偏好、风险限额和风险管理制度；

（三）审查重大投融资和资产处置项目，特别是非计划内的投资、租赁、资产买卖、担保等重大事项；

（四）推动加强资本管理和资本补充；

（五）制订和推动执行利润分配方案；

（六）推动股东（大）会决议和董事会决议的落实；

（七）推动银行保险机构完善股权结构和内部治理架构，加强股权管理，提升公司治理的有效性；

（八）提升内部控制、合规管理和内部审计的有效性，落实反洗钱、反恐怖融资相关要求；

（九）提升董事提名和选举流程的规范性和透明度；

（十）选任、监督和更换高级管理人员，加强与高级管理层的沟通；

（十一）评估和完善董事会对高级管理层的授权原则、授权范围和管理机制；

（十二）推动董事、高级管理人员薪酬与银行保险机构和股东长期利益保持一致，且符合监管要求；

（十三）推动协调各治理主体运作，加强与股东及其他利益相关者的沟通，平衡各方利益；

（十四）促进关联交易的合法合规性和关联交易管理的规范性；

（十五）提升财务会计信息的真实性、准确性和完整性；

（十六）提升信息披露的真实性、准确性、完整性和及时性；

（十七）确保监管报送数据的及时性、真实性和完整性；

（十八）推动完善消费者权益保护决策机制，规划和指导消费者权益保护工作；

（十九）推动监管意见落实以及相关问题整改问责；

（二十）关注和依责处理可能或已经造成重大风险和损失的事项，特别是对存款人、投保人、被保险人和受益人、中小股东合法权益产生重大影响的事项；

（二十一）履行法律法规、监管规定及公司章程规定董事应当承担的其他重要职责。

银行保险机构应当结合监管制度关于独立董事职责的特别规定，围绕独立董事应当重点关注和发表独立意见的事项，考察和评价其履职表现。

第二十六条 银行保险机构应当结合监事类型特点及其在监事会专门委员会中的任职情况，从不同维度重点关注监事在下列事项中的工作表现：

（一）对董事会及其成员的履职监督，包括但不限于董事会及其成员遵守法律法规、监管规定及银行保险机构内部制度，完善银行保险机构股权结构、组织架构，制定并推动实施发展战略，完善风险管理、消费者权益保护、内控合规、薪酬考核、内外部审计、信息披露等相关机制的情况，董事会各专门委员会有效运作情况，董事参加会议、发表意见、提出建议情况等。

（二）对高级管理层及其成员的履职监督，包括但不限于高级管理层及其成员遵守法律法规、监管规定及银行保险机构内部制度，执行股东（大）会、董事会和监事会决议，落实发展战略和经营计划，加强风险管理、内控合规管理、消费者权益保护、案件防控、绩效考评管理等情况。

（三）对发展战略和经营理念的科学性、有效性、合理性以及实施情况的监督与评估。

（四）对财务状况的监督，包括但不限于重要财务决策和执行情况；利润分配方案的合规性、合理性；机构定期报告的真实性、准确性和完整性;外部审计工作管理情况。

(五)对内控合规的监督,尤其是新业务、新产品的管理制度、操作流程、关键风险环节和相关信息系统等情况。

(六)对全面风险管理架构及主要风险管控情况的监督。

(七)对激励约束机制科学性、稳健性以及具体实施效果的监督。

(八)对监管报送数据及时性、真实性和完整性的监督。

(九)对落实监管意见以及问题整改问责情况的监督。

(十)对落实股东(大)会决议、董事会决议、监事会决议情况的监督。

(十一)关注和监督其他影响银行保险机构合法稳健经营和可持续发展的重点事项。

(十二)履行法律法规、监管规定及公司章程规定监事应当承担的其他重要职责。

第三章　评价制度、程序和方法

第二十七条　银行保险机构应当建立健全董事监事履职评价制度,并向中国银保监会或其派出机构报告。银行保险机构在建立健全董事监事履职评价制度时,应根据自身具体情况对董事监事的评价内容、评价原则、实施主体、资源保障、评价方式、评价流程、评价等级、结果应用、工作责任等重要内容作出明确规定。履职评价制度应当考虑到不同类型董事监事的特点,作出差异化的规定。

第二十八条　银行保险机构应当建立健全董事监事履职档案,真实、准确、完整地记录董事监事日常履职情况以及履职评价工作开展情况。董事会负责建立和完善董事履职档案,监事会负责建立和完善监事履职档案以及董事监事履职评价档案。

第二十九条　银行保险机构应当每年对董事监事的履职情况

进行评价。对于评价年度内职位发生变动但任职时间超过半年的董事监事,应当根据其在任期间的履职表现开展评价。

第三十条 银行保险机构应当优化董事监事特别是独立董事和外部监事的履职环境,保障董事监事履职所必需的信息和其他必要条件。

董事监事认为履职所必需的信息无法得到基本保障,或独立履职受到威胁、阻挠和不当干预的,应当及时向监事会提交书面意见,监事会应当将相关意见作为确定董事监事履职评价结果的重要考虑因素,并将其纳入履职评价档案。

第三十一条 董事履职评价可以包括董事自评、董事互评、董事会评价、外部评价、监事会最终评价等环节。监事履职评价可以包括监事自评、监事互评、外部评价、监事会最终评价等环节。

银行保险机构应当为董事监事履职评价工作提供充分保障,畅通监事会办公室、董事会办公室等办事机构间的沟通交流机制。

鼓励银行保险机构结合自身情况,聘请外部专家或市场中介机构等独立第三方协助本机构开展董事监事履职评价。连续两年公司治理监管评估等级为D级以下的银行保险机构,应当聘请独立第三方协助开展董事监事履职评价工作。

第三十二条 评价方法可以包括资料分析、行为观察、问卷调查、履职测评、座谈访谈等。资料分析指对董事监事履职记录、履职档案等进行分析,静态评判董事监事履职情况。行为观察指根据相关评判人对董事监事日常履职行为的观察进行评价。调查问卷和履职测评表根据各银行保险机构实际情况设计,问卷调查对象可相对广泛,董事监事可通过履职测评表对自身或其他董事监事履职表现评价打分。座谈访谈指通过与董事监事及相关人员直接交谈,对董事监事履职细节进行较为具体深入地了解。

第三十三条 银行保险机构应当依据履职评价情况将董事监事年度履职表现划分为称职、基本称职和不称职三个级别。

银行保险机构应当结合公司治理监管评估、商业银行监管评级、保险公司法人机构风险综合评级等情况，审慎确定相关董事监事的履职评价级别。

第三十四条 董事监事出现下列情形之一的，当年不得评为称职：

（一）该年度内未能亲自出席三分之二以上的董事会、监事会现场会议的。

（二）董事会审议通过违反法律法规或严重违反监管规定、公司章程的事项，董事投赞成票的；董事会、高级管理层决策事项违反法律法规，或严重违反监管规定、公司章程，监事知悉或应当知悉，但未进行质询或及时提请监事会关注并予以纠正的。

（三）董事会违反公司章程、议事规则和决策程序审议重大事项，董事未提出反对意见的；董事会、高级管理层违反公司章程、议事规则和决策程序决定重大事项，或对股东（大）会、董事会、监事会决议落实不到位，监事知悉或应当知悉，但未进行质询或及时提请监事会关注并予以纠正的。

（四）董事会运作低效，出现长期未换届、长期无法正常召开会议等公司治理问题，董事未能及时反映情况并推动纠正的；监事会运作低效，对董事会、高级管理层及其成员的履职监督严重弱化，监事未及时提出意见并推动有效整改的。

（五）股权和关联交易管理严重违规，经营战略出现重大偏差，风险管理政策出现重大失误，内部控制体系存在明显漏洞，董事未及时提出意见或修正要求的；监事会未能按照要求有效履行在经营战略、风险管理、内部控制、财务会计、激励约束机制等方面的监督职责，监事未及时提出意见并推动有效整改的。

（六）资本充足率、资产质量、偿付能力等主要监管指标未达到监管要求，董事监事未及时提出意见建议并依责推动有效整改的。

（七）知悉或应当知悉符合履职回避情形，而未按规定执行的。

（八）对监管发现并指出的重大违法违规问题，董事监事未依责推动有效整改的。

（九）董事监事个人被监管部门行政处罚或受到纪律处分的。

（十）中国银保监会认定的其他不当履职情形。

第三十五条 董事监事出现下列情形之一的，当年应当评为不称职：

（一）泄露秘密，损害银行保险机构合法权益的；

（二）在履职过程中接受不正当利益，或者利用董事监事地位谋取私利的；

（三）参与或协助股东对银行保险机构进行不当干预，导致银行保险机构出现重大风险和损失的；

（四）隐瞒重要事实、提供虚假材料或参与银行保险机构编造虚假材料的；

（五）对银行保险机构及相关人员重大违法违规违纪问题隐匿不报的；

（六）董事会、监事会决议违反法律法规、监管规定及公司章程，导致银行保险机构重大风险和严重损失，董事监事没有提出异议的；

（七）对履职评价发现的严重问题拒不改正的；

（八）中国银保监会认定的其他严重失职行为。

第三十六条 董事监事发现银行保险机构履职评价工作违反监管规定的，应当向监管部门反映情况。两名以上董事、监事对履职评价程序或结果存在异议并向银行保险机构提出书面意见的，银行保险机构应当在收到书面意见后5个工作日以内向监管部门报告并作出详细解释。

第四章 评 价 应 用

第三十七条 银行保险机构应当把履职评价作为加强董事会、监事会建设的重要抓手，通过对评价结果的有效应用，引导董事监事改进履职行为，推动董事会、监事会规范自身运作。

第三十八条 银行保险机构监事会应当根据评价结果提出工作建议或处理意见，及时将董事监事评价结果和相关意见建议报告股东(大)会，及时将董事评价结果和相关意见建议反馈董事会，并以书面形式正式通知董事监事本人。

对履职评价结果为“基本称职”的董事监事，董事会和监事会应当组织会谈，向董事监事本人提出限期改进要求。董事会和监事会应当为相关董事监事改进履职提供必要的帮助和支持。

对被评为“不称职”的董事监事，银行保险机构董事会、监事会应向其问责。依据本办法相关条款被评为“不称职”的董事监事，可由其主动辞去职务，或由银行保险机构按照有关程序罢免并报告监管部门，同时相应扣减其作为董事监事的部分或全部薪酬。董事监事违法违规履职给银行保险机构造成损失的，银行保险机构应当追偿。董事监事涉嫌犯罪的，银行保险机构应当及时移送司法机关。

第三十九条 银行保险机构应当在每年 4 月 30 日前，将董事监事履职情况及评价结果报告中国银保监会或其派出机构。

第四十条 鼓励银行保险机构公开披露董事监事履职评价结果，发挥外部约束作用，探索建立董事监事特别是独立董事和外部监事的声誉机制。

第五章 监督管理

第四十一条 中国银保监会及其派出机构应当对银行保险机构董事监事履职评价工作进行监督，并将其作为监事会履职情况的重要依据。

银行保险机构董事监事履职评价制度、程序、方式、结果不符合监管规定的，中国银保监会及其派出机构应当责令其限期改正，并视情况追究银行保险机构及相关人员的责任。对在评价过程中弄虚作假、徇私舞弊，导致评价结果严重失真的，或利用履职评价打击报复的，监管部门应严肃查处。

对在履职过程中违反法律法规和监管规定的董事监事，监管部门可依法采取监管谈话、责令限期改正、责令银行保险机构调整相关人员等监督管理措施，并视情况采取责令纪律处分、行政处罚等方式追究其相应责任。存在本办法第三十五条情形的，监管部门应从严处理。

监管部门可以根据需要对银行保险机构董事监事履职情况开展监管评价。

第四十二条 中国银保监会及其派出机构可以根据董事监事履职评价结果组织开展专项检查，督促银行保险机构完善公司治理。中国银保监会及其派出机构应当建立银行保险机构董事监事年度履职评价监管档案，在公司治理全面评估、市场准入、非现场监管和现场检查等工作中强化履职评价信息运用。

第六章 附 则

第四十三条 本办法所称"商业银行、保险公司""银行保险机构"，是指国有大型商业银行、全国性股份制商业银行、城市商业银行、民营银行、农村商业银行、外资银行、保险集团（控股）公司、财产保险公司、再保险公司、人身保险公司。

未设立监事会的银行保险机构，以及中国银保监会负责监管的其他金融机构参照适用本办法。

法律、行政法规或规章对外资银行、外资保险公司另有规定的，从其规定。

第四十四条 本办法所称"执行董事"指在银行保险机构除担任董事外，还承担高级管理人员职责的董事；"独立董事""外部监事"指在银行保险机构不担任除董事监事以外的其他职务，并且与银行保险机构及其股东、实际控制人不存在可能影响其独立客观判断关系的董事监事；"职工董事""职工监事"指按照相关规定由职工(代表)大会民主选举产生的董事监事。

第四十五条 本办法所称“以上”“以下”“以内”均含本数,“少于”“超过”“低于”均不含本数。

第四十六条 本办法由中国银保监会负责解释。

第四十七条 本办法自2021年7月1日起施行。《商业银行董事履职评价办法(试行)》(中国银行业监督管理委员会令2010年第7号)同时废止。此前有关银行保险机构董事监事履职评价的规定与本办法不一致的,按照本办法执行。

市场监督管理行政执法责任制规定

(2021年5月26日国家市场监督管理总局令第41号公布 自2021年7月15日起施行 国司备字[2021004276])

第一条 为了落实行政执法责任制,监督和保障市场监督管理部门工作人员依法履行职责,激励新时代新担当新作为,结合市场监督管理工作实际,制定本规定。

第二条 市场监督管理部门实施行政执法责任制,适用本规定。

第三条 实施行政执法责任制,应当坚持党的领导,遵循职权法定、权责一致、过罚相当、约束与激励并重、惩戒与教育相结合的原则,做到失职追责、尽职免责。

第四条 市场监督管理部门应当加强领导,组织、协调和推动实施行政执法责任制,各所属机构在职责范围内做好相关工作。

上级市场监督管理部门依法指导和监督下级市场监督管理部门实施行政执法责任制。

第五条 市场监督管理部门应当按照本级人民政府的部署,梳理行政执法依据,编制权责清单,以适当形式向社会公众公开,并根据法律、法规、规章的制修订情况及时调整。

第六条　市场监督管理部门应当以权责清单为基础，将本单位依法承担的行政执法职责分解落实到所属执法机构和执法岗位。

分解落实所属执法机构、执法岗位的执法职责，不得擅自增加或者减少本单位的行政执法权限。

第七条　市场监督管理部门应当对照权责清单，对直接影响行政相对人权利义务的重要权责事项，按照不同权力类型制定办事指南和运行流程图，并以适当形式向社会公众公开。

第八条　市场监督管理部门工作人员应当在法定权限范围内依照法定程序行使职权，做到严格规范公正文明执法，不得玩忽职守、超越职权、滥用职权。

第九条　市场监督管理部门工作人员因故意或者重大过失，违法履行行政执法职责，造成危害后果或者不良影响的，构成行政执法过错行为，应当依法承担行政执法责任。法律、法规对具体行政执法过错行为的构成要件另有规定的，依照其规定。

第十条　有下列情形之一的，应当依法追究有关工作人员的行政执法责任：

（一）超越法定职权作出准予行政许可决定的；

（二）对符合法定条件的行政许可申请不予受理且情节严重的，或者未依照法定条件作出准予或者不予行政许可决定的；

（三）无法定依据实施行政处罚、行政强制，或者变相实施行政强制的；

（四）对符合行政处罚立案标准的案件不及时立案，或者实施行政处罚的办案人员未取得行政执法证件的；

（五）擅自改变行政处罚种类、幅度，或者改变行政强制对象、条件、方式的；

（六）违反相关法定程序实施行政许可且情节严重的，或者违反法定程序实施行政处罚、行政强制的；

（七）违法扩大查封、扣押范围的；

（八）使用或者损毁查封、扣押场所、设施或者财物的；

（九）在查封、扣押法定期间不作出处理决定或者未依法及时解除查封、扣押的；

（十）截留、私分、变相私分罚款、没收的违法所得或者财物、查封或者扣押的财物以及拍卖和依法处理所得款项的；

（十一）违法实行检查措施或者执行措施，给公民人身或者财产造成损害、给法人或者其他组织造成损失的；

（十二）对应当依法移交司法机关追究刑事责任的案件不移交，以行政处罚代替刑事处罚的；

（十三）对属于市场监督管理职权范围的举报不依法处理，造成严重后果的；

（十四）对应当予以制止和处罚的违法行为不予制止、处罚，致使公民、法人或者其他组织的合法权益、公共利益和社会秩序遭受损害的；

（十五）不履行或者无正当理由拖延履行行政复议决定的；

（十六）对被许可人从事行政许可事项的活动，不依法履行监督职责或者监督不力，造成严重后果的；

（十七）泄露国家秘密、工作秘密，或者泄露因履行职责掌握的商业秘密、个人隐私，造成不良后果或者影响的；

（十八）法律、法规、规章规定的其他应当追究行政执法责任的情形。

第十一条　下列情形不构成行政执法过错行为，不应追究有关工作人员的行政执法责任：

（一）因行政执法依据不明确或者对有关事实和依据的理解认识不一致，致使行政执法行为出现偏差的，但故意违法的除外；

（二）因行政相对人隐瞒有关情况或者提供虚假材料导致作出错误判断，且已按规定履行审查职责的；

（三）依据检验、检测、鉴定报告或者专家评审意见等作出行政执法决定，且已按规定履行审查职责的；

（四）行政相对人未依法申请行政许可或者登记备案，在其违法行为造成不良影响前，市场监督管理部门未接到举报或者由于客观原因未能发现的，但未按规定履行监督检查职责的除外；

（五）因出现新的证据，致使原认定事实或者案件性质发生变化的，但故意隐瞒或者因重大过失遗漏证据的除外；

（六）按照年度监督检查、“双随机、一公开”监管等检查计划已经认真履行监督检查职责，或者虽尚未进行监督检查，但未超过法定或者规定时限，行政相对人违法的；

（七）因科学技术、监管手段等客观条件的限制，未能发现存在问题或者无法定性的；

（八）发生事故或者其他突发事件，非由市场监督管理部门不履行或者不正确履行法定职责行为直接引起的；

（九）对发现的违法行为或者事故隐患已经依法查处、责令改正或者采取行政强制措施，因行政相对人拒不改正、逃避检查、擅自违法生产经营或者违法启用查封、扣押的设备设施等行为造成危害后果或者不良影响的；

（十）在集体决策中对错误决策提出明确反对意见或者保留意见的；

（十一）发现上级的决定、命令或者文件有错误，已向上级提出改正或者撤销的意见，上级不予改变或者要求继续执行的，但执行明显违法的决定、命令或者文件的除外；

（十二）因不可抗力或者其他难以克服的因素，导致未能依法履行职责的；

（十三）其他依法不应追究行政执法责任的情形。

第十二条 在推进行政执法改革创新中因缺乏经验、先行先试出现的失误，尚无明确限制的探索性试验中的失误，为推动发展的无意过失，免予或者不予追究行政执法责任。但是，应当依法予以纠正。

第十三条 市场监督管理部门对发现的行政执法过错行为线

素,依照《行政机关公务员处分条例》等规定的程序予以调查和处理。

第十四条 追究行政执法责任,应当以法律、法规、规章的规定为依据,综合考虑行政执法过错行为的性质、情节、危害程度以及工作人员的主观过错等因素,做到事实清楚、证据确凿、定性准确、处理恰当、程序合法、手续完备。

第十五条 市场监督管理部门对存在行政执法过错行为的工作人员,可以依规依纪依法给予组织处理或者处分。

行政执法过错行为情节轻微,且具有法定从轻或者减轻情形的,可以对有关工作人员进行谈话提醒、批评教育、责令检查或者予以诫勉,并可以作出调离行政执法岗位、取消行政执法资格等处理,免予或者不予处分。

从轻、减轻以及从重追究行政执法责任的情形,依照有关法律、法规、规章的规定执行。

第十六条 市场监督管理部门发现有关工作人员涉嫌违犯党纪或者涉嫌职务违法、职务犯罪的,应当依照有关规定及时移送纪检监察机关处理。

对同一行政执法过错行为,监察机关已经给予政务处分的,市场监督管理部门不再给予处分。

第十七条 纪检监察等有权机关、单位介入调查的,市场监督管理部门可以按照要求对有关工作人员是否依法履职、是否存在行政执法过错行为等问题,组织相关专业人员进行论证并出具书面论证意见,作为有权机关、单位认定责任的参考。

第十八条 市场监督管理部门工作人员依法履行职责受法律保护,非因法定事由、非经法定程序,不受处分。

第十九条 市场监督管理部门工作人员依法履行职责时,有权拒绝任何单位和个人违反法定职责、法定程序或者有碍执法公正的要求。

第二十条 市场监督管理部门应当为工作人员依法履行职责

提供必要的办公用房、执法装备、后勤保障等条件,并采取措施保障其人身健康和生命安全。

第二十一条 市场监督管理部门工作人员因依法履职遭受不实举报、诬告以及诽谤、侮辱的,市场监督管理部门应当以适当形式及时澄清事实,消除不良影响,维护其合法权益。

第二十二条 市场监督管理部门应当建立健全行政执法激励机制,对行政执法工作成效突出的工作人员予以表彰和奖励。

第二十三条 本规定所称行政执法,是指市场监督管理部门依法行使行政职权的行为,包括行政许可、行政处罚、行政强制、行政检查、行政确认等行政行为。

第二十四条 药品监督管理部门和知识产权行政部门实施行政执法责任制,适用本规定。

法律、法规授权履行市场监督管理职能的组织实施行政执法责任制,适用本规定。

第二十五条 本规定自 2021 年 7 月 15 日起施行。

司法解释

最高人民法院关于知识产权侵权诉讼中被告以原告滥用权利为由请求赔偿合理开支问题的批复

（2021 年 5 月 31 日最高人民法院审判委员会第 1840 次会议通过 2021 年 6 月 3 日最高人民法院公告公布 自 2021 年 6 月 3 日起施行 法释〔2021〕11 号）

上海市高级人民法院：

你院《关于知识产权侵权诉讼中被告以原告滥用权利为由请求赔偿合理开支问题的请示》（沪高法〔2021〕215 号）收悉。经研究，批复如下：

在知识产权侵权诉讼中，被告提交证据证明原告的起诉构成法律规定的滥用权利损害其合法权益，依法请求原告赔偿其因该诉讼所支付的合理的律师费、交通费、食宿费等开支的，人民法院依法予以支持。被告也可以另行起诉请求原告赔偿上述合理开支。

人民法院在线诉讼规则

（2021年5月18日最高人民法院审判委员会第1838次会议通过　2021年6月16日最高人民法院公告公布　自2021年8月1日起施行　法释〔2021〕12号）

为推进和规范在线诉讼活动，完善在线诉讼规则，依法保障当事人及其他诉讼参与人等诉讼主体的合法权利，确保公正高效审理案件，根据《中华人民共和国刑事诉讼法》《中华人民共和国民事诉讼法》《中华人民共和国行政诉讼法》等相关法律规定，结合人民法院工作实际，制定本规则。

第一条　人民法院、当事人及其他诉讼参与人等可以依托电子诉讼平台（以下简称“诉讼平台”），通过互联网或者专用网络在线完成立案、调解、证据交换、询问、庭审、送达等全部或者部分诉讼环节。

在线诉讼活动与线下诉讼活动具有同等法律效力。

第二条　人民法院开展在线诉讼应当遵循以下原则：

（一）公正高效原则。严格依法开展在线诉讼活动，完善审判流程，健全工作机制，加强技术保障，提高司法效率，保障司法公正。

（二）合法自愿原则。尊重和保障当事人及其他诉讼参与人对诉讼方式的选择权，未经当事人及其他诉讼参与人同意，人民法院不得强制或者变相强制适用在线诉讼。

（三）权利保障原则。充分保障当事人各项诉讼权利，强化提示、说明、告知义务，不得随意减少诉讼环节和减损当事人诉讼权益。

（四）便民利民原则。优化在线诉讼服务，完善诉讼平台功能，加强信息技术应用，降低当事人诉讼成本，提升纠纷解决效率。统筹兼顾不同群体司法需求，对未成年人、老年人、残障人士等特殊群体加强诉讼引导，提供相应司法便利。

（五）安全可靠原则。依法维护国家安全，保护国家秘密、商业秘密、个人隐私和个人信息，有效保障在线诉讼数据信息安全。规范技术应用，确保技术中立和平台中立。

第三条 人民法院综合考虑案件情况、当事人意愿和技术条件等因素，可以对以下案件适用在线诉讼：

（一）民事、行政诉讼案件；

（二）刑事速裁程序案件，减刑、假释案件，以及因其他特殊原因不宜线下审理的刑事案件；

（三）民事特别程序、督促程序、破产程序和非诉执行审查案件；

（四）民事、行政执行案件和刑事附带民事诉讼执行案件；

（五）其他适宜采取在线方式审理的案件。

第四条 人民法院开展在线诉讼，应当征得当事人同意，并告知适用在线诉讼的具体环节、主要形式、权利义务、法律后果和操作方法等。

人民法院应当根据当事人对在线诉讼的相应意思表示，作出以下处理：

（一）当事人主动选择适用在线诉讼的，人民法院可以不再另行征得其同意，相应诉讼环节可以直接在线进行；

（二）各方当事人均同意适用在线诉讼的，相应诉讼环节可以在线进行；

（三）部分当事人同意适用在线诉讼，部分当事人不同意的，相应诉讼环节可以采取同意方当事人线上、不同意方当事人线下的方式进行；

（四）当事人仅主动选择或者同意对部分诉讼环节适用在线诉讼的，人民法院不得推定其对其他诉讼环节均同意适用在线诉讼。

对人民检察院参与的案件适用在线诉讼的，应当征得人民检察院同意。

第五条 在诉讼过程中,如存在当事人欠缺在线诉讼能力、不具备在线诉讼条件或者相应诉讼环节不宜在线办理等情形之一的,人民法院应当将相应诉讼环节转为线下进行。

当事人已同意对相应诉讼环节适用在线诉讼,但诉讼过程中又反悔的,应当在开展相应诉讼活动前的合理期限内提出。经审查,人民法院认为不存在故意拖延诉讼等不当情形的,相应诉讼环节可以转为线下进行。

在调解、证据交换、询问、听证、庭审等诉讼环节中,一方当事人要求其他当事人及诉讼参与人在线下参与诉讼的,应当提出具体理由。经审查,人民法院认为案件存在案情疑难复杂、需证人现场作证、有必要线下举证质证、陈述辩论等情形之一的,相应诉讼环节可以转为线下进行。

第六条 当事人已同意适用在线诉讼,但无正当理由不参与在线诉讼活动或者不作出相应诉讼行为,也未在合理期限内申请提出转为线下进行的,应当依照法律和司法解释的相关规定承担相应法律后果。

第七条 参与在线诉讼的诉讼主体应当先行在诉讼平台完成实名注册。人民法院应当通过证件证照在线比对、身份认证平台认证等方式,核实诉讼主体的实名手机号码、居民身份证件号码、护照号码、统一社会信用代码等信息,确认诉讼主体身份真实性。诉讼主体在线完成身份认证后,取得登录诉讼平台的专用账号。

参与在线诉讼的诉讼主体应当妥善保管诉讼平台专用账号和密码。除有证据证明存在账号被盗用或者系统错误的情形外,使用专用账号登录诉讼平台所作出的行为,视为被认证人本人行为。

人民法院在线开展调解、证据交换、庭审等诉讼活动,应当再次验证诉讼主体的身份;确有必要的,应当在线下进一步核实身份。

第八条 人民法院、特邀调解组织、特邀调解员可以通过诉讼平台、人民法院调解平台等开展在线调解活动。在线调解应当按照法律和司法解释相关规定进行，依法保护国家秘密、商业秘密、个人隐私和其他不宜公开的信息。

第九条 当事人采取在线方式提交起诉材料的，人民法院应当在收到材料后的法定期限内，在线作出以下处理：

（一）符合起诉条件的，登记立案并送达案件受理通知书、交纳诉讼费用通知书、举证通知书等诉讼文书；

（二）提交材料不符合要求的，及时通知其补正，并一次性告知补正内容和期限，案件受理时间自收到补正材料后次日重新起算；

（三）不符合起诉条件或者起诉材料经补正仍不符合要求，原告坚持起诉的，依法裁定不予受理或者不予立案；

当事人已在线提交符合要求的起诉状等材料的，人民法院不得要求当事人再提供纸质件。

上诉、申请再审、特别程序、执行等案件的在线受理规则，参照本条第一款、第二款规定办理。

第十条 案件适用在线诉讼的，人民法院应当通知被告、被上诉人或者其他诉讼参与人，询问其是否同意以在线方式参与诉讼。被通知人同意采用在线方式的，应当在收到通知的三日内通过诉讼平台验证身份、关联案件，并在后续诉讼活动中通过诉讼平台了解案件信息、接收和提交诉讼材料，以及实施其他诉讼行为。

被通知人未明确表示同意采用在线方式，且未在人民法院指定期限内注册登录诉讼平台的，针对被通知人的相关诉讼活动在线下进行。

第十一条 当事人可以在诉讼平台直接填写录入起诉状、答辩状、反诉状、代理意见等诉讼文书材料。

当事人可以通过扫描、翻拍、转录等方式，将线下的诉讼文书材料或者证据材料作电子化处理后上传至诉讼平台。诉讼材料为电子数据，且诉讼平台与存储该电子数据的平台已实现对接的，当事人可以将电子数据直接提交至诉讼平台。

当事人提交电子化材料确有困难的，人民法院可以辅助当事人将线下材料作电子化处理后导入诉讼平台。

第十二条 当事人提交的电子化材料，经人民法院审核通过后，可以直接在诉讼中使用。诉讼中存在下列情形之一的，人民法院应当要求当事人提供原件、原物：

（一）对方当事人认为电子化材料与原件、原物不一致，并提出合理理由和依据的；

（二）电子化材料呈现不完整、内容不清晰、格式不规范的；

（三）人民法院卷宗、档案管理相关规定要求提供原件、原物的；

（四）人民法院认为有必要提交原件、原物的。

第十三条 当事人提交的电子化材料，符合下列情形之一的，人民法院可以认定符合原件、原物形式要求：

（一）对方当事人对电子化材料与原件、原物的一致性未提出异议的；

（二）电子化材料形成过程已经过公证机构公证的；

（三）电子化材料已在之前诉讼中提交并经人民法院确认的；

（四）电子化材料已通过在线或者线下方式与原件、原物比对一致的；

（五）有其他证据证明电子化材料与原件、原物一致的。

第十四条 人民法院根据当事人选择和案件情况，可以组织当事人开展在线证据交换，通过同步或者非同步方式在线举证、质证。

各方当事人选择同步在线交换证据的，应当在人民法院指定的时间登录诉讼平台，通过在线视频或者其他方式，对已经导入诉讼平台的证据材料或者线下送达的证据材料副本，集中发表质证意见。

各方当事人选择非同步在线交换证据的，应当在人民法院确定的合理期限内，分别登录诉讼平台，查看已经导入诉讼平台的证据材料，并发表质证意见。

各方当事人均同意在线证据交换，但对具体方式无法达成一致意见的，适用同步在线证据交换。

第十五条 当事人作为证据提交的电子化材料和电子数据，人民法院应当按照法律和司法解释的相关规定，经当事人举证质证后，依法认定其真实性、合法性和关联性。未经人民法院查证属实的证据，不得作为认定案件事实的根据。

第十六条 当事人作为证据提交的电子数据系通过区块链技术存储，并经技术核验一致的，人民法院可以认定该电子数据上链后未经篡改，但有相反证据足以推翻的除外。

第十七条 当事人对区块链技术存储的电子数据上链后的真实性提出异议，并有合理理由的，人民法院应当结合下列因素作出判断：

（一）存证平台是否符合国家有关部门关于提供区块链存证服务的相关规定；

（二）当事人与存证平台是否存在利害关系，并利用技术手段不当干预取证、存证过程；

（三）存证平台的信息系统是否符合清洁性、安全性、可靠性、可用性的国家标准或者行业标准；

（四）存证技术和过程是否符合相关国家标准或者行业标准中关于系统环境、技术安全、加密方式、数据传输、信息验证等方面的要求。

第十八条 当事人提出电子数据上链存储前已不具备真实性，并提供证据证明或者说明理由的，人民法院应当予以审查。

人民法院根据案件情况，可以要求提交区块链技术存储电子数据的一方当事人，提供证据证明上链存储前数据的真实性，并结合上链存储前数据的具体来源、生成机制、存储过程、公证机构公证、第三方见证、关联印证数据等情况作出综合判断。当事人不能提供证据证明或者作出合理说明，该电子数据也无法与其他证据相互印证的，人民法院不予确认其真实性。

第十九条 当事人可以申请具有专门知识的人就区块链技术存储电子数据相关技术问题提出意见。人民法院可以根据当事人申请或者依职权，委托鉴定区块链技术存储电子数据的真实性，或者调取其他相关证据进行核对。

第二十条 经各方当事人同意，人民法院可以指定当事人在一定期限内，分别登录诉讼平台，以非同步的方式开展调解、证据交换、调查询问、庭审等诉讼活动。

适用小额诉讼程序或者民事、行政简易程序审理的案件，同时符合下列情形的，人民法院和当事人可以在指定期限内，按照庭审程序环节分别录制参与庭审视频并上传至诉讼平台，非同步完成庭审活动：

（一）各方当事人同时在线参与庭审确有困难；

（二）一方当事人提出书面申请，各方当事人均表示同意；

（三）案件经过在线证据交换或者调查询问，各方当事人对案件主要事实和证据不存在争议。

第二十一条 人民法院开庭审理的案件，应当根据当事人意愿、案件情况、社会影响、技术条件等因素，决定是否采取视频方式在线庭审，但具有下列情形之一的，不得适用在线庭审：

（一）各方当事人均明确表示不同意，或者一方当事人表示不同意且有正当理由的；

（二）各方当事人均不具备参与在线庭审的技术条件和能力的；

（三）需要通过庭审现场查明身份、核对原件、查验实物的；

（四）案件疑难复杂、证据繁多，适用在线庭审不利于查明事实和适用法律的；

（五）案件涉及国家安全、国家秘密的；

（六）案件具有重大社会影响，受到广泛关注的；

（七）人民法院认为存在其他不宜适用在线庭审情形的。

采取在线庭审方式审理的案件，审理过程中发现存在上述情形之一的，人民法院应当及时转为线下庭审。已完成的在线庭审活动具有法律效力。

在线询问的适用范围和条件参照在线庭审的相关规则。

第二十二条 适用在线庭审的案件，应当按照法律和司法解释的相关规定开展庭前准备、法庭调查、法庭辩论等庭审活动，保障当事人申请回避、举证、质证、陈述、辩论等诉讼权利。

第二十三条 需要公告送达的案件，人民法院可以在公告中明确线上或者线下参与庭审的具体方式，告知当事人选择在线庭审的权利。被公告方当事人未在开庭前向人民法院表示同意在线庭审的，被公告方当事人适用线下庭审。其他同意适用在线庭审的当事人，可以在线参与庭审。

第二十四条 在线开展庭审活动，人民法院应当设置环境要素齐全的在线法庭。在线法庭应当保持国徽在显著位置，审判人员及席位名称等在视频画面合理区域。因存在特殊情形，确需在在线法庭之外的其他场所组织在线庭审的，应当报请本院院长同意。

出庭人员参加在线庭审，应当选择安静、无干扰、光线适宜、网络信号良好、相对封闭的场所，不得在可能影响庭审音频视频效果或者有损庭审严肃性的场所参加庭审。必要时，人民法院可以要求出庭人员到指定场所参加在线庭审。

第二十五条 出庭人员参加在线庭审应当尊重司法礼仪，遵守法庭纪律。人民法院根据在线庭审的特点，适用《中华人民共和国人民法院法庭规则》相关规定。

除确属网络故障、设备损坏、电力中断或者不可抗力等原因外，当事人无正当理由不参加在线庭审，视为“拒不到庭”；在庭审中擅自退出，经提示、警告后仍不改正的，视为“中途退庭”，分别按照相关法律和司法解释的规定处理。

第二十六条 证人通过在线方式出庭的，人民法院应当通过指定在线出庭场所、设置在线作证室等方式，保证其不旁听案件审理和不受他人干扰。当事人对证人在线出庭提出异议且有合理理由的，或者人民法院认为确有必要的，应当要求证人线下出庭作证。

鉴定人、勘验人、具有专门知识的人在线出庭的，参照前款规定执行。

第二十七条 适用在线庭审的案件，应当按照法律和司法解释的相关规定公开庭审活动。

对涉及国家安全、国家秘密、个人隐私的案件，庭审过程不得在互联网上公开。对涉及未成年人、商业秘密、离婚等民事案件，当事人申请不公开审理的，在线庭审过程可以不在互联网上公开。

未经人民法院同意，任何人不得违法违规录制、截取、传播涉及在线庭审过程的音频视频、图文资料。

第二十八条 在线诉讼参与人故意违反本规则第八条、第二十四条、第二十五条、第二十六条、第二十七条的规定，实施妨害在线诉讼秩序行为的，人民法院可以根据法律和司法解释关于妨害诉讼的相关规定作出处理。

第二十九条 经受送达人同意，人民法院可以通过送达平台，向受送达人的电子邮箱、即时通讯账号、诉讼平台专用账号等电子地址，按照法律和司法解释的相关规定送达诉讼文书和证据材料。

具备下列情形之一的，人民法院可以确定受送达人同意电子送达：

（一）受送达人明确表示同意的；

（二）受送达人在诉讼前对适用电子送达已作出约定或者承诺的；

（三）受送达人在提交的起诉状、上诉状、申请书、答辩状中主动提供用于接收送达的电子地址的；

（四）受送达人通过回复收悉、参加诉讼等方式接受已经完成的电子送达，并且未明确表示不同意电子送达的。

第三十条 人民法院可以通过电话确认、诉讼平台在线确认、线下发送电子送达确认书等方式，确认受送达人是否同意电子送达，以及受送达人接收电子送达的具体方式和地址，并告知电子送达的适用范围、效力、送达地址变更方式以及其他需告知的送达事项。

第三十一条 人民法院向受送达人主动提供或者确认的电子地址送达的，送达信息到达电子地址所在系统时，即为送达。

受送达人未提供或者未确认有效电子送达地址，人民法院向能够确认为受送达人本人的电子地址送达的，根据下列情形确定送达是否生效：

（一）受送达人回复已收悉，或者根据送达内容已作出相应诉讼行为的，即为完成有效送达；

（二）受送达人的电子地址所在系统反馈受送达人已阅知，或者有其他证据可以证明受送达人已经收悉的，推定完成有效送达，但受送达人能够证明存在系统错误、送达地址非本人使用或者非本人阅知等未收悉送达内容的情形除外。

人民法院开展电子送达，应当在系统中全程留痕，并制作电子送达凭证。电子送达凭证具有送达回证效力。

对同一内容的送达材料采取多种电子方式发送受送达人的，以最先完成的有效送达时间作为送达生效时间。

第三十二条 人民法院适用电子送达，可以同步通过短信、即时通讯工具、诉讼平台提示等方式，通知受送达人查阅、接收、下载相关送达材料。

第三十三条 适用在线诉讼的案件，各方诉讼主体可以通过在线确认、电子签章等方式，确认和签收调解协议、笔录、电子送达凭证及其他诉讼材料。

第三十四条 适用在线诉讼的案件，人民法院应当在调解、证据交换、庭审、合议等诉讼环节同步形成电子笔录。电子笔录以在线方式核对确认后，与书面笔录具有同等法律效力。

第三十五条 适用在线诉讼的案件，人民法院应当利用技术手段随案同步生成电子卷宗，形成电子档案。电子档案的立卷、归档、存储、利用等，按照档案管理相关法律法规的规定执行。

案件无纸质材料或者纸质材料已经全部转化为电子材料的，第一审人民法院可以采用电子卷宗代替纸质卷宗进行上诉移送。

适用在线诉讼的案件存在纸质卷宗材料的，应当按照档案管理相关法律法规立卷、归档和保存。

第三十六条 执行裁决案件的在线立案、电子材料提交、执行和解、询问当事人、电子送达等环节，适用本规则的相关规定办理。

人民法院可以通过财产查控系统、网络询价评估平台、网络拍卖平台、信用惩戒系统等，在线完成财产查明、查封、扣押、冻结、划扣、变价和惩戒等执行实施环节。

第三十七条 符合本规定第三条第二项规定的刑事案件，经公诉人、当事人、辩护人同意，可以根据案件情况，采取在线方式讯问被告人、开庭审理、宣判等。

案件采取在线方式审理的，按照以下情形分别处理：

（一）被告人、罪犯被羁押的，可以在看守所、监狱等羁押场所在线出庭；

（二）被告人、罪犯未被羁押的，因特殊原因确实无法到庭的，可以在人民法院指定的场所在线出庭；

（三）证人、鉴定人一般应当在线下出庭，但法律和司法解释另有规定的除外。

第三十八条 参与在线诉讼的相关主体应当遵守数据安全和个人信息保护的相关法律法规，履行数据安全和个人信息保护义务。除人民法院依法公开的以外，任何人不得违法违规披露、传播和使用在线诉讼数据信息。出现上述情形的，人民法院可以根据具体情况，依照法律和司法解释关于数据安全、个人信息保护以及妨害诉讼的规定追究相关单位和人员法律责任，构成犯罪的，依法追究刑事责任。

第三十九条 本规则自2021年8月1日起施行。最高人民法院之前发布的司法解释涉及在线诉讼的规定与本规则不一致的,以本规则为准。

最高人民法院 最高人民检察院 公安部关于办理电信网络诈骗等刑事案件适用法律若干问题的意见(二)

(2021年6月17日 法发〔2021〕22号)

为进一步依法严厉惩治电信网络诈骗犯罪,对其上下游关联犯罪实行全链条、全方位打击,根据《中华人民共和国刑法》《中华人民共和国刑事诉讼法》等法律和有关司法解释的规定,针对司法实践中出现的新的突出问题,结合工作实际,制定本意见。

一、电信网络诈骗犯罪地,除《最高人民法院、最高人民检察院、公安部关于办理电信网络诈骗等刑事案件适用法律若干问题的意见》规定的犯罪行为发生地和结果发生地外,还包括:

(一)用于犯罪活动的手机卡、流量卡、物联网卡的开立地、销售地、转移地、藏匿地;

(二)用于犯罪活动的信用卡的开立地、销售地、转移地、藏匿地、使用地以及资金交易对手资金交付和汇出地;

(三)用于犯罪活动的银行账户、非银行支付账户的开立地、销售地、使用地以及资金交易对手资金交付和汇出地;

(四)用于犯罪活动的即时通讯信息、广告推广信息的发送地、接受地、到达地;

(五)用于犯罪活动的"猫池"(Modem Pool)、GOIP设备、多卡宝等硬件设备的销售地、入网地、藏匿地;

(六)用于犯罪活动的互联网账号的销售地、登录地。

二、为电信网络诈骗犯罪提供作案工具、技术支持等帮助以及掩饰、隐瞒犯罪所得及其产生的收益，由此形成多层级犯罪链条的，或者利用同一网站、通讯群组、资金账户、作案窝点实施电信网络诈骗犯罪的，应当认定为多个犯罪嫌疑人、被告人实施的犯罪存在关联，人民法院、人民检察院、公安机关可以在其职责范围内并案处理。

三、有证据证实行为人参加境外诈骗犯罪集团或犯罪团伙，在境外针对境内居民实施电信网络诈骗犯罪行为，诈骗数额难以查证，但一年内出境赴境外诈骗犯罪窝点累计时间30日以上或多次出境赴境外诈骗犯罪窝点的，应当认定为刑法第二百六十六条规定的"其他严重情节"，以诈骗罪依法追究刑事责任。有证据证明其出境从事正当活动的除外。

四、无正当理由持有他人的单位结算卡的，属于刑法第一百七十七条之一第一款第(二)项规定的"非法持有他人信用卡"。

五、非法获取、出售、提供具有信息发布、即时通讯、支付结算等功能的互联网账号密码、个人生物识别信息，符合刑法第二百五十三条之一规定的，以侵犯公民个人信息罪追究刑事责任。

对批量前述互联网账号密码、个人生物识别信息的条数，根据查获的数量直接认定，但有证据证明信息不真实或者重复的除外。

六、在网上注册办理手机卡、信用卡、银行账户、非银行支付账户时，为通过网上认证，使用他人身份证件信息并替换他人身份证件相片，属于伪造身份证件行为，符合刑法第二百八十条第三款规定的，以伪造身份证件罪追究刑事责任。

使用伪造、变造的身份证件或者盗用他人身份证件办理手机卡、信用卡、银行账户、非银行支付账户，符合刑法第二百八十条之一第一款规定的，以使用虚假身份证件、盗用身份证件罪追究刑事责任。

实施上述两款行为，同时构成其他犯罪的，依照处罚较重的规定定罪处罚。法律和司法解释另有规定的除外。

七、为他人利用信息网络实施犯罪而实施下列行为，可以认定为刑法第二百八十七条之二规定的“帮助”行为：

（一）收购、出售、出租信用卡、银行账户、非银行支付账户、具有支付结算功能的互联网账号密码、网络支付接口、网上银行数字证书的；

（二）收购、出售、出租他人手机卡、流量卡、物联网卡的。

八、认定刑法第二百八十七条之二规定的行为人明知他人利用信息网络实施犯罪，应当根据行为人收购、出售、出租前述第七条规定的信用卡、银行账户、非银行支付账户、具有支付结算功能的互联网账号密码、网络支付接口、网上银行数字证书，或者他人手机卡、流量卡、物联网卡等的次数、张数、个数，并结合行为人的认知能力、既往经历、交易对象、与实施信息网络犯罪的行为人的关系、提供技术支持或者帮助的时间和方式、获利情况以及行为人的供述等主客观因素，予以综合认定。

收购、出售、出租单位银行结算账户、非银行支付机构单位支付账户，或者电信、银行、网络支付等行业从业人员利用履行职责或提供服务便利，非法开办并出售、出租他人手机卡、信用卡、银行账户、非银行支付账户等的，可以认定为《最高人民法院、最高人民检察院关于办理非法利用信息网络、帮助信息网络犯罪活动等刑事案件适用法律若干问题的解释》第十一条第（七）项规定的“其他足以认定行为人明知的情形”。但有相反证据的除外。

九、明知他人利用信息网络实施犯罪，为其犯罪提供下列帮助之一的，可以认定为《最高人民法院、最高人民检察院关于办理非法利用信息网络、帮助信息网络犯罪活动等刑事案件适用法律若干问题的解释》第十二条第一款第（七）项规定的“其他情节严重的情形”：

（一）收购、出售、出租信用卡、银行账户、非银行支付账户、具有支付结算功能的互联网账号密码、网络支付接口、网上银行数字证书5张（个）以上的；

（二）收购、出售、出租他人手机卡、流量卡、物联网卡20张以上的。

十、电商平台预付卡、虚拟货币、手机充值卡、游戏点卡、游戏装备等经销商，在公安机关调查案件过程中，被明确告知其交易对象涉嫌电信网络诈骗犯罪，仍与其继续交易，符合刑法第二百八十七条之二规定的，以帮助信息网络犯罪活动罪追究刑事责任。同时构成其他犯罪的，依照处罚较重的规定定罪处罚。

十一、明知是电信网络诈骗犯罪所得及其产生的收益，以下列方式之一予以转账、套现、取现，符合刑法第三百一十二条第一款规定的，以掩饰、隐瞒犯罪所得、犯罪所得收益罪追究刑事责任。但有证据证明确实不知道的除外。

（一）多次使用或者使用多个非本人身份证明开设的收款码、网络支付接口等，帮助他人转账、套现、取现的；

（二）以明显异于市场的价格，通过电商平台预付卡、虚拟货币、手机充值卡、游戏点卡、游戏装备等转换财物、套现的；

（三）协助转换或者转移财物，收取明显高于市场的"手续费"的。

实施上述行为，事前通谋的，以共同犯罪论处；同时构成其他犯罪的，依照处罚较重的规定定罪处罚。法律和司法解释另有规定的除外。

十二、为他人实施电信网络诈骗犯罪提供技术支持、广告推广、支付结算等帮助，或者窝藏、转移、收购、代为销售及以其他方法掩饰、隐瞒电信网络诈骗犯罪所得及其产生的收益，诈骗犯罪行为可以确认，但实施诈骗的行为人尚未到案，可以依法先行追究已到案的上述犯罪嫌疑人、被告人的刑事责任。

十三、办案地公安机关可以通过公安机关信息化系统调取异地公安机关依法制作、收集的刑事案件受案登记表、立案决定书、被害人陈述等证据材料。调取时不得少于两名侦查人员，并应记载调取的时间、使用的信息化系统名称等相关信息，调取人签名并加盖办案地公安机关印章。经审核证明真实的，可以作为证据使用。

十四、通过国（区）际警务合作收集或者境外警方移交的境外证据材料，确因客观条件限制，境外警方未提供相关证据的发现、收集、保管、移交情况等材料的，公安机关应当对上述证据材料的来源、移交过程以及种类、数量、特征等作出书面说明，由两名以上侦查人员签名并加盖公安机关印章。经审核能够证明案件事实的，可以作为证据使用。

十五、对境外司法机关抓获并羁押的电信网络诈骗犯罪嫌疑人，在境内接受审判的，境外的羁押期限可以折抵刑期。

十六、办理电信网络诈骗犯罪案件，应当充分贯彻宽严相济刑事政策。在侦查、审查起诉、审判过程中，应当全面收集证据、准确甄别犯罪嫌疑人、被告人在共同犯罪中的层级地位及作用大小，结合其认罪态度和悔罪表现，区别对待，宽严并用，科学量刑，确保罚当其罪。

对于电信网络诈骗犯罪集团、犯罪团伙的组织者、策划者、指挥者和骨干分子，以及利用未成年人、在校学生、老年人、残疾人实施电信网络诈骗的，依法从严惩处。

对于电信网络诈骗犯罪集团、犯罪团伙中的从犯，特别是其中参与时间相对较短、诈骗数额相对较低或者从事辅助性工作并领取少量报酬，以及初犯、偶犯、未成年人、在校学生等，应当综合考虑其在共同犯罪中的地位作用、社会危害程度、主观恶性、人身危险性、认罪悔罪表现等情节，可以依法从轻、减轻处罚。犯罪情节轻微的，可以依法不起诉或者免予刑事处罚；情节显著轻微危害不大的，不以犯罪论处。

十七、查扣的涉案账户内资金，应当优先返还被害人，如不足以全额返还的，应当按照比例返还。

附：

2021年6月份报国务院备案并予以登记的地方性法规、自治条例、单行条例和地方政府规章目录

地方性法规

法规名称	公布日期	备案登记编号
北京市司法鉴定管理条例	2020年9月25日	国司备字［2021004279］
北京市促进中小企业发展条例	2020年9月25日	国司备字［2021004280］
北京市燃气管理条例	2020年9月25日	国司备字［2021004281］
北京市突发公共卫生事件应急条例	2020年9月25日	国司备字［2021004282］
北京市人民代表大会常务委员会关于修改《北京市生活垃圾管理条例》的决定	2020年9月25日	国司备字［2021004283］
上海市知识产权保护条例	2020年12月30日	国司备字［2021004306］
上海市铁路安全管理条例	2020年12月30日	国司备字［2021004307］
上海市人民代表大会常务委员会关于修改本市部分地方性法规的决定	2020年12月30日	国司备字［2021004308］
上海市人民代表大会常务委员会关于废止《上海市机动车道路交通事故赔偿责任若干规定》的决定	2020年12月30日	国司备字［2021004309］
上海市养老服务条例	2020年12月30日	国司备字［2021004314］

续表

法规名称	公布日期	备案登记编号
江西省农村供水条例	2020年3月27日	国司备字［2021004287］
江西省人民代表大会常务委员会关于修改《江西省实施〈中华人民共和国野生动物保护法〉办法》的决定	2020年7月24日	国司备字［2021004289］
江西省企业工会工作条例	2020年7月24日	国司备字［2021004288］
江西省公安机关警务辅助人员条例	2020年11月25日	国司备字［2021004290］
江西省土壤污染防治条例	2020年11月25日	国司备字［2021004291］
江西省人民代表大会常务委员会关于修改3件地方性法规的决定	2020年11月25日	国司备字［2021004292］
江西省人民代表大会常务委员会关于修改《江西省各级人民代表大会代表选举实施细则》的决定	2020年11月25日	国司备字［2021004293］
江西省人民代表大会常务委员会关于修改《江西省消防条例》等11件地方性法规的决定	2020年11月25日	国司备字［2021004294］
南昌市农村村民住房建设管理条例	2020年12月10日	国司备字［2021004295］
南昌市生活垃圾分类管理条例	2020年12月10日	国司备字［2021004298］
南昌市房屋使用安全管理条例	2020年12月10日	国司备字［2021004299］
景德镇市饮用水水源保护条例	2020年8月18日	国司备字［2021004300］
赣州市人民代表大会常务委员会关于修改《赣州市城市道路车辆通行管理规定》的决定	2020年12月15日	国司备字［2021004301］

续表

法规名称	公布日期	备案登记编号
上饶市城市市容和环境卫生管理条例	2020 年 12 月 28 日	国司备字［2021004296］
上饶市殡葬管理条例	2020 年 4 月 16 日	国司备字［2021004297］
吉安市红色文化遗存保护条例	2020 年 8 月 20 日	国司备字［2021004302］
吉安市人民代表大会常务委员会关于修改《吉安市城市市容和环境卫生管理条例》等 3 件地方性法规的决定	2020 年 12 月 22 日	国司备字［2021004303］
萍乡市养犬管理条例	2020 年 7 月 31 日	国司备字［2021004304］
新余市城市管理条例	2020 年 10 月 9 日	国司备字［2021004305］
黄石市矿山生态修复条例	2021 年 4 月 30 日	国司备字［2021004242］
孝感市人民代表大会常务委员会关于修改《孝感市住宅小区物业管理条例》的决定	2021 年 4 月 29 日	国司备字［2021004240］
咸宁市陆水流域保护条例	2021 年 4 月 22 日	国司备字［2021004239］
随州市曾随文化遗址保护条例	2021 年 4 月 27 日	国司备字［2021004241］
肇庆市星湖风景名胜区七星岩景区保护管理条例	2020 年 12 月 7 日	国司备字［2021004284］
广西壮族自治区爱国卫生条例	2021 年 3 月 26 日	国司备字［2021004256］
广西壮族自治区农村公路条例	2021 年 3 月 26 日	国司备字［2021004257］
柳州市历史文化名城保护条例	2021 年 2 月 3 日	国司备字［2021004258］
桂林市城市绿化条例	2021 年 4 月 12 日	国司备字［2021004243］

续表

法规名称	公布日期	备案登记编号
北海市城市绿化条例	2021 年 2 月 7 日	国司备字［2021004259］
贺州市城市绿化条例	2021 年 2 月 2 日	国司备字［2021004260］
四川省华侨权益保护条例	2021 年 1 月 27 日	国司备字［2021004255］
四川省粮食安全保障条例	2021 年 3 月 26 日	国司备字［2021004272］
四川省优化营商环境条例	2021 年 3 月 26 日	国司备字［2021004273］
四川省农药管理条例	2021 年 3 月 26 日	国司备字［2021004274］
四川省人民代表大会常务委员会关于修改《四川省〈中华人民共和国全国人民代表大会和地方各级人民代表大会选举法〉实施办法》的决定	2021 年 3 月 26 日	国司备字［2021004275］
云南省人民代表大会常务委员会关于修改《云南省县乡两级人民代表大会代表选举实施细则》的决定	2021 年 3 月 31 日	国司备字［2021004251］
云南省人民代表大会常务委员会关于废止《云南省和顺古镇保护条例》的决定	2021 年 3 月 31 日	国司备字［2021004252］
曲靖市城市管理综合行政执法条例	2021 年 4 月 1 日	国司备字［2021004253］
保山市和顺古镇保护条例	2021 年 4 月 9 日	国司备字［2021004254］
安康市汉江流域水质保护条例	2020 年 12 月 25 日	国司备字［2021004285］
兰州市黄河风情线大景区保护管理条例	2021 年 4 月 14 日	国司备字［2021004267］
青海省鼠疫防控条例	2021 年 3 月 31 日	国司备字［2021004261］

续表

法规名称	公布日期	备案登记编号
青海省公共信用信息条例	2021 年 3 月 31 日	国司备字［2021004262］
青海省人民代表大会常务委员会关于修改《青海省实施〈中华人民共和国全国人民代表大会和地方各级人民代表大会选举法〉细则》的决定	2021 年 3 月 31 日	国司备字［2021004263］
宁夏回族自治区人民代表大会常务委员会关于修改《宁夏回族自治区实施〈中华人民共和国全国人民代表大会和地方各级人民代表大会选举法〉细则》等四件地方性法规的决定	2021 年 3 月 26 日	国司备字［2021004264］
宁夏回族自治区人民代表大会常务委员会关于废止《宁夏回族自治区反不正当竞争条例》等三件地方性法规的决定	2021 年 3 月 26 日	国司备字［2021004265］
新疆维吾尔自治区民族团结进步模范区创建条例	2021 年 2 月 5 日	国司备字［2021004266］

地方政府规章

规章名称	公布日期	备案登记编号
天津海河教育园区管理规定	2021 年 5 月 28 日	国司备字［2021004269］
呼和浩特市人民政府关于废止《呼和浩特市城市环境卫生和车辆停放秩序违法行为处罚规定(试行)》的决定	2021 年 5 月 9 日	国司备字［2021004245］
辽宁省人民政府关于废止和修改部分省政府规章的决定	2021 年 5 月 18 日	国司备字［2021004286］
营口市政府规章立法后评估办法	2021 年 5 月 31 日	国司备字［2021004313］

续表

规章名称	公布日期	备案登记编号
齐齐哈尔市市区巡游出租汽车管理办法	2021年5月20日	国司备字［2021004244］
上海市人民政府关于废止《上海市展览业管理办法》的决定	2021年4月30日	国司备字［2021004232］
上海市人民政府关于废止《上海市外商投资企业投诉及处理办法》的决定	2021年4月30日	国司备字［2021004234］
上海市地图管理办法	2021年5月8日	国司备字［2021004249］
上海市人民政府关于修改《上海市居住房屋租赁管理办法》等3件市政府规章的决定	2021年5月8日	国司备字［2021004250］
盐城市机关事务管理办法	2021年5月12日	国司备字［2021004247］
福建省慈善事业促进办法	2021年4月21日	国司备字［2021004237］
关于公布市政府规章及规范性文件清理结果的决定	2021年5月19日	国司备字［2021004271］
江西省省级储备粮管理办法	2021年5月11日	国司备字［2021004231］
佛山市燃气管理办法	2021年5月24日	国司备字［2021004270］
揭阳市城市绿化管理办法	2021年5月31日	国司备字［2021004277］
海南省人民政府关于废止《海南省政务信息化工程建设管理办法》的决定	2021年3月22日	国司备字［2021004233］
重庆市集体土地征收补偿安置办法	2021年5月19日	国司备字［2021004238］
兰州市人民政府关于废止《兰州市行政效能监察办法》等十四件政府规章的决定	2021年5月17日	国司备字［2021004248］
西宁市燃气管理办法	2021年5月31日	国司备字［2021004310］
银川市城市住房保障管理办法	2021年5月27日	国司备字［2021004315］

图书在版编目（CIP）数据

中华人民共和国新法规汇编．2021年．第7辑：总第293辑/司法部编．—北京：中国法制出版社，2021.12

ISBN 978-7-5216-2367-3

Ⅰ.①中… Ⅱ.①司… Ⅲ.①法规-汇编-中国-2021 Ⅳ.①D920.9

中国版本图书馆CIP数据核字（2021）第265000号

中华人民共和国新法规汇编
ZHONGHUA RENMIN GONGHEGUO XIN FAGUI HUIBIAN
（2021年第7辑）

编者/司法部
经销/新华书店
印刷/三河市紫恒印装有限公司
开本/850毫米×1168毫米 32开　　印张/7.125 字数/156千
版次/2021年12月第1版　　2021年12月第1次印刷

中国法制出版社出版
书号 ISBN 978-7-5216-2367-3　　定价：18.00元

北京市西城区西便门西里甲16号西便门办公区
邮政编码：100053　　传真：010-63141852
网址：http://www.zgfzs.com　　编辑部电话：010-63141663
市场营销部电话：010-63141612　　印务部电话：010-63141606
（如有印装质量问题，请与本社印务部联系。）